위인들의 어린시절

포카혼타스
말괄량이 소녀

리빙북

포카혼타스
말괄량이 소녀

플로라 씨모어 지음
찰스 존 그림
오소희 옮김

차례

1. 말괄량이 소녀 • 11
2. 거대한 날개를 단 카누 • 27
3. 자피 숙모 집으로 • 44
4. 하얀 사람의 마술 • 62
5. 포카혼타스의 새 이름 • 85

6. 제임스타운 방문 • 102

7. 떠나는 캡틴 스미스 • 120

8. 하얀 마을에서 살게 되다 • 139

9. 창코는 잊지 않았다 • 161

　여러분, 기억하나요? • 185

　포카혼타스가 살던 시절 • 186

브레이브 선은 그 나무를 쥐고 흔들기 시작했다.

1.
말괄량이 소녀

 처벅 처벅! 젊은 인디언 용사 난타카가 숲길을 걸어가고 있었다. 난타카란 '용감한 아들(브레이브 선)*'이란 뜻이었다. 갑자기 어깨 위에 뭔가가 떨어졌다. 그는 발걸음을 우뚝 멈췄다. 그리고 위아래, 양 사방을 조심스럽게 관찰했다. 어깨에 메고 가던 활을 얼른 손에 잡았다.
 하지만 화살 통에서 화살을 꺼내지는 않았다. 어느 정도 자기 마을 가까이에 와 있었기 때문에 큰 위험은

 브레이브 선: Brave Son

없을 것 같았다. 그의 아버지 포하탄은 그 마을의 추장이었다.

'뭐가 어깨 위에 떨어진 거지?'

고개를 들고 소나무 가지 사이를 올려다보고, 또 다른 나뭇가지 사이를 보아도, 아무 흔적이 없었다. 이제 나뭇잎은 노랑, 빨강으로 물들고 있었다.

멀리 물소리가 들렸다. 그의 귀는 매우 날카로웠다. 몇 킬로미터 떨어진 곳에서 흐르는 제법 넓은 개울물 소리였다.

처벅 처벅!

주변을 유심히 돌아본 난타카는 다시 발걸음을 옮겼다. 또다시 어깨 위에 무언가 떨어졌다. 이번에는 알아챘다. 나뭇가지 위에 거무튀튀한 물체가 보였다.

"얼른 내려와, 요 말괄량이 녀석!" 브레이브 선이 웃음을 터트리며 말했다. 나무 위에서도 웃음소리가 났다.

브레이브 선은 그 나무를 쥐고 흔들기 시작했다.

"입을 벌려봐, 난타카. 내가 뭘 넣어줄게." 나무 위에서 상냥한 목소리가 들렸다.

"어림도 없어. 아직 서리가 안 내렸으니 보나 마나 쓰고 떫은 감을 주려는 거겠지. 너나 먹어."

또다시 나무에서 웃음 소리가 났다. 열살 쯤 되어 보이는 인디언 소녀가 주르르 나무를 타고 미끄러져 내려왔다. 난타카의 여동생으로 이름은 포카혼타스, '말괄량이 소녀'라는 뜻이었다.

"아이쿠, 깜짝이야!" 난타카는 일부러 깜짝 놀란 시늉을 했다. "이러니까 아버지가 널 말괄량이 소녀라고 부르시는 거야. 그런데 네가 무슨 용사라도 된 줄 아니? 어쩌자고 이렇게 멀리 나온 거야?"

"오빠가 오는지 보려고." 여동생이 말했다. "그리고 감도 따고 밤도 따려고. 하지만 아직 안 익었어. 밤은 아직도 까칠까칠한 껍질 속에 들어 있더라고."

"아직은 일러." 오빠가 말했다. "이렇게 딱딱한 감을 나한테 떨어뜨리다니." 그는 짐짓 아프다는 듯 어깨를 문질렀다, 포카혼타스는 웃음 띤 오빠의 얼굴을 보고 장난임을 알아챘다. "집에 뭐 맛있는 게 있었으면 좋겠다." 그가 말했다.

"맛있는 거 아주 많아. 남자들이 오늘 아침에 굴을 잔뜩 따왔어. 그리고 여자들은 지금 해바라기 씨로 떡을 만들고 있어. 콩도 있고, 강에서 잡은 생선도 있어."

"아, 배고픈 나그네에게 참 좋은 소식이다." 브레이브 선이 말했다.

"오빠가 한 모험 얘기 전부 들려줘." 포카혼타스가 졸랐다.

"나중에." 오빠가 말했다. "멀리 남쪽에 다녀왔는데, 거기 사람들은 바다를 건너온 하얀 사람들을 봤대. 하얀 사람들이 남겨놓은 물건 중 한 개를 너 주려고 가져왔어." 그는 허리춤에 차고 있던 사슴 가죽 주머니를 톡톡 건드렸다.

여동생의 눈이 반짝반짝 빛났다. 그게 뭔지 당장 보고 싶었다. 하지만 자기가 조르면 조를수록 오빠가 더 천천히 보여주려고 할 것이다. 그래서 잠자코 오빠와 함께 집으로 걸어갔다.

그들이 사는 마을은 강가에 있었다. 나무껍질로 만든 집들 주변으로 밭이 있었다. 여자들이 그 밭에 옥수수, 콩, 담배를 심고 가꾸었다.

이제 옥수수는 크게 자랐다. 구불구불한 밭고랑을 따라 호박이 크고 노랗게 열렸다.

가장자리에 끝이 뾰족한 통나무를 나란히 세운 울타리가 집들이 모여있는 지점을 둘러쳤다. "먼저 뛰어가서 오빠가 온다고 알릴게." 포카혼타스가 말했다.

난타카는 달려가는 여동생의 뒷모습을 보며 미소를 지었다. 그 아이는 마을의 귀염둥이였다. 제일 높은 추장이자, 엄한 아버지 포하탄까지도 말괄량이 소녀에게는 너그러웠다. 다 자라서 용사가 된 오빠들은 아버지를 무서워했지만, 포카혼타스는 아버지가 무섭지 않았다.

포카혼타스가 마을 출입문을 열고 들어가 한가운데 있는 큰 집으로 갔다. 어린나무들을 빽빽하게 붙여서 벽을 만들고, 나뭇가지를 서로 엮어 지붕을 얹은 집이었다. 안에서 불을 피우면 연기가 위로 올라가도록 지붕에 구멍이 있었다.

그러나 정작 그 구멍으로 나가는 건 조금밖에 없었고, 연기 대부분이 집 안에 남아 있었다. 포카혼타스는 출입구를 가리는 덮개를 젖히면서 연기 때문에 기침을 했다.

집 안에는 긴 의자에 아버지 포하탄이 누워 쉬고 있었다. 딸이 가까이 오자 포하탄은 머리를 들어 한쪽 팔꿈치에 기댔다.

"말괄량이 아가씨, 또 무슨 일이지?" 그가 물었다.

"난타카가 왔어요! 금방 들어올 거예요!" 말괄량이 소녀가 흥분하며 말했다.

"그래? 로헌트, 여자들에게 빨리 식사 준비를 하라고 일러라." 아버지가 말했다.

불 옆에서 책상다리를 하고 앉아 있던 로헌트가 일어나서 즉시 밖으로 나갔다.

로헌트는 어른이었지만, 키가 포카혼타스만큼 작았다. 그는 너무 작아서 용사나 사냥꾼이 될 수 없었다. 하지만 그는 날렵하고 영리한 심부름꾼이었다. 추장은 늘 그를 곁에 두고 필요할 때마다 일을 시켰다.

로헌트가 지시를 전달하자, 여자들은 재빨리 일하기 시작했다. 마을 전체가 바쁘게 움직이고 있을 때, 난타카가 들어왔다. 마을 사람들 모두 몇 주일이나 떠나있다가 돌아온 그의 얘기를 듣고 싶어 했다.

"자, 동생. 여기 네 선물이야."

"내가 오빠에게 국을 갖다 줄래요." 말괄량이 소녀가 조르자, 요리사가 미소를 지었다. 그리고 나무껍질에 국을 가득 덜어주었다.

"흘리지 않게 가져가라." 요리사가 말했다. 포카혼타스는 조심조심 걸어갔다. 그리고 김이 무럭무럭 오르는 국을 한 방울도 흘리지 않고 난타카에게 주었다.

"음, 맛있다!" 그가 말했다. "오랫동안 여행하고 돌아오니, 밭에서 딴 옥수수와 콩이 정말 맛있군! 생선도 맛있고! 내가 다녀온 곳은 강에 돌멩이가 너무 많아 낚시를 할 수가 없었어. 아, 정말 맛좋다!"

"서쪽 산에 다녀왔지?" 옆에 서 있던 나이 든 숙모가 물었다.

"네. 그 산의 남쪽 지역으로 갔어요." 그가 허리춤에 차고 있던 주머니를 집었다. "자, 동생. 여기 네 선물이야."

그것은 포카혼타스가 평생 처음 보는 물건이었다. 둥글고 노란 고리인데, 단단하고 반짝거렸다.

"손가락에 끼워 봐." 오빠가 말했다. 손가락에 껴보

니 너무 컸다. 손을 내리면 그 고리가 쑥 빠져 버릴 것 같았다.

"줄에 달아서 목에 걸 테야." 그녀가 말했다. "이것 봐! 여기 진주도 있어." 그녀는 손에 들고 있던 진주를 오빠에게 보여주었다.

"위워가 오늘 굴껍데기를 까다가 이걸 발견했어. 그리고 내게 줬어. 이것도 줄에 달아야지."

"네가 더 크면, 진주를 많이 달아서 목에 걸 수 있을 거야. 거기에 이 진주를 제일 가운데에 달면 되겠다."

"그런데 이 고리가 뭐야? 어디서 났어?"

"섬에 가서 조개를 캐고 있을 때 어떤 사람이 줬어." 오빠가 대답했다. "언젠가 그 섬에 하얀 사람들이 왔었단 얘기 들은 적 있지? 모두 기억할 거야." 다른 사람들이 모두 끄덕거렸다.

"나한테 이 노란 고리를 판 남자가 이 고리는 하얀 여자가 끼던 거라고 했어. 그런데 어떻게 가지게 됐는지는 말하지 않았어."

"남쪽 마을 사람들이 그 하얀 사람들 죽였어?"

"몰라. 달이 많이 많이 지났지만, 그 이후로 아무도 하얀 사람을 못 봤거든."

"하얀 사람들이 우리 동네 강을 타고 올라오기도 했단다." 한 숙모가 말했다. 포카혼타스가 코바스 숙모라고 부르는 아주머니였다. "하지만 한 사람도 남겨 놓지 않고 모두 돌아갔어. 로아녹 섬에는 하얀 사람들이 몇 명 남았다는데."

"그 얘기도 듣고 싶어요." 난타카가 말했다.

제일 나이 많은 숙모 티모가 조금 떨어진 곳에 있었다. "내가 그 얘기를 잘 알지. 하지만 오늘 밤에는 피곤할 테니 가서 자. 내일 아침에 모두 들려줄게."

다음 날 아침 포카혼타스는 난타카가 일어나기만을 기다렸다. 하얀 사람들에 관해 듣고 싶어 조바심이 났다. 티모는 일찍 일어나 있었다. 그녀는 자기 집 앞에 앉아 풀을 꼬아 멍석을 만들고 있었다. 포카혼타스가 가까이 가자, 그녀는 얇은 풀 몇 포기로 줄을 만들었다. 브레이브 선이 여동생에게 준 반지를 매달기 위한 줄이었다.

"잘 봐라, 내가 어떻게 하는지." 그녀가 말했다. 포카혼타스는 유심히 관찰했다. 티모 숙모는 줄이 거의 다 되자 포카혼타스에게 그 끝을 완성하게 했다.

"이제 그 노란색 고리를 이리 줘." 그녀가 말했다. 그리고 그 반지를 줄 한가운데에 단단히 고정시켰다. 줄을 어찌나 야무지게 꼬았는지, 마치 반지가 원래 붙어 있던 것처럼 보였다. 그리고 그것을 포카혼타스의 목에 걸었다. "자, 여기 네 첫 번째 목걸이."

"진주도 달아줘요." 말괄량이 소녀가 졸랐다.

티모 숙모가 진주를 달았다. "반지 양쪽에 하나씩 있어야 하는 건데?" 그녀가 말했다.

"위워가 굴껍데기 깔 때 하나 더 달라고 해야겠어요." 포카혼타스가 말했다.

포카혼타스는 마을 사람들이 자기를 귀여워한다는 걸 알았다. 나이 많은 추장인 아버지는 그 어린 딸이 해달라면 뭐든지 해주었다. 어머니는 포카혼타스가 어릴 때 돌아가셨지만, 마을의 모든 숙모와 언니들이 자기를 돌봐주고 사랑해 주었다. 마치 어머니가 여러 명 있는 것 같았다.

마을 사람들은 서로서로 친척이었다. 아이들은 모두 포카혼타스의 사촌 아니면 조카들이었다. 그 인디언 마을에서는 그들을 모두 사촌이라고 불렀다.

포카혼타스는 첫 번째 목걸이를 받자 우쭐댔다. "이것 봐!" 그녀는 오빠가 가까이 오자 목걸이를 보여주었다. "난 항상 이걸 목에 걸고 다닐 거야."

"그럼 물구나무서기나 재주넘기 할 때는 어쩌려고?" 난타카가 웃었다. 자기 여동생이 얼마나 개구쟁이처럼 나부대는지 잘 알았기 때문이다.

포카혼타스는 잠시 궁리를 했다. "그럴 땐 목걸이를 빼야지. 하지만 잃어버리지 않게 조심할 거야."

"자, 티모 숙모!" 난타카가 말했다. "이제 그 하얀 사람들 얘기를 듣고 싶어요."

"사람들 말을 들어보면……." 티모는 일하던 눈을 들어 키가 크고 젊은 그 용사를 쳐다보았다. "하얀 사람들이라도 서로 다른 것 같아. 어떤 사람은 조금 더 하얗고, 어떤 사람은 조금 더 까맣고."

"맞아요, 저도 들었어요." 난타카가 말했다. 포카혼타스가 고개를 끄덕이자 땋아내린 까만색 머리가 출렁거렸다. "그런데 어떤 사람들이 우리 마을에 왔었어요?"

"둘 다." 티모가 말했다. "하지만 더 하얀 사람들은 배를 타고 와서 잠깐 내려 물과 나무를 싣고 다시 떠났어. 그들이 오기 전에 조금 더 까만 사람들이 왔었는데, 그 사람들 얘기를 해주려는 거야.

제일 처음 그들이 온 것은 아주아주 오래전이었어. 오래 머물지는 않았는데, 우리 마을에서 소년 하나를 데리고 갔어. 그리고 몇 년 뒤에 그들이 다시 돌아왔는데, 그 소년은 어른이 되어 있었지. 원 세상에! 그는 얼굴만 하얗지 않다뿐이지, 나머지는 모두 하얀 사람과 똑같았어. 옷도 하얀 사람 옷을 입고, 말도 하얀 사람처럼 이상한 말을 했어.

피부가 조금 더 까만 사람들은 스페인 사람들, 조금더 하얀 사람들은 영국 사람들을 말한다.

그는 하얀 사람들이 자기를 데리고 소금물을 건너 스페인이라는 곳으로 갔다고 했어. 거기서 자기에게 잘 해주고 자기가 상상도 못 했던 모든 것들을 다 주었대. 그리고 자기에게 돈 루이라는 이름을 지어주었대. 그는 우리말을 완전히 잊어버리지는 않았어. 하지만 처음에 말할 때는 이상하게 들렸어."

"그리고 여기서 살았나요?" 포카혼타스가 물었다.

"그럼. 하지만 처음에는 우리 부족과 함께 살지 않았어. 스페인 사람들과 살았단다. 그가 스페인 사람이라고 부르는 하얀 사람들 몇 명이 여기보다 조금 북쪽에 있는 마을에서 한동안 살았거든. 그들은 돈 루이가 입었던 그런 옷이 아니라, 길고 까만 옷을 입었어."

"돈 루이는 어떤 옷을 입었는데요?"

"괴상망측한 옷이야. 모자에는 깃털이 달려 있고, 두꺼운 가죽 외투에 무릎까지 오는 긴 양말을 신었어. 그 길고 까만 옷을 입은 스페인 사람들과 살 때 그랬다는 거야. 나중에 우리 부족과 살게 되니 그런 것들을 하나

인디언들은 바다를 소금물이라고 불렀다.

하나 벗어버리더라고. 다시 머리를 길게 기르고 이마에 밴드를 둘렀어. 벌거벗고 다니니 더 상쾌하다더군. 어릴 때처럼 말이야. 인디언들은 모두 그의 말을 들었어. 왜냐하면 그가 추장의 동생이었거든.

얼마 후 인디언들은 길고 까만 옷을 입은 사람들에게 화가 났어. 그들이 찾아오면 더 이상 음식을 주지 않으려고 했어. 돈 루이도 화가 나서, 그들에게 아무 대접도 하지 않고 돌아가라고 했어.

그들이 돌아서서 떠나려고 할 때, 부족 인디언들이 그들에게 화살을 쏘았어. 그리고 나머지 스페인 사람들도 모두 죽였어. 인디언 무당들은 돈 루이에게 주문을 외웠어. 그가 배워온 새로운 것들을 다 잊어버리게 하려고 말이야.

하지만 그는 한 가지는 잊어버리지 않았지. 그리고 우리 부족에게 그걸 가르쳐줬어. 그건 모든 마을이 같은 말을 해야 서로 힘을 합하기에 좋다는 거였어. 그 덕분에 네 아버지 포하탄 추장은 다른 마을에 가면 연합 부족의 수석 추장으로 대우를 받게 되었단다."

"돈 루이는 어떻게 됐어요?" 포카혼타스가 물었다. 그 인디언이 멀리 소금물 건너 하얀 사람들이 사는 곳에 다녀왔다고 생각하니 마음이 두근거렸다. '나도 그렇게 하고 싶어.' 그녀가 속으로 생각했다. '하지만 난 하얀 사람들이 오면 죽이지 않을 테야.'

"그해 겨울에는 아무 일 없이 잘 지냈어. 하지만 봄이 되자 스페인 배가 다시 나타났어. 그러자 돈 루이는 스페인 사람들이 복수할까 봐 겁이 나서 달아났어. 그래서 우리 마을로 도망왔지. 그때 마을의 다른 사람들도 몇 명 데리고 왔는데, 그중 한 명이 바로 네 어머니란다, 포카혼타스."

포카혼타스는 깜짝 놀랐다. 어머니가 그 이상한 하얀 사람들을 알고 있었다니! '나도 언젠가는 그들을 봐야지.' 그녀가 생각했다.

두 남매는 티모에게 이야기를 들려주어 고맙다고 인사를 했다. 포카혼타스는 자리를 떠나며 계속해서 하얀 얼굴을 한 그 이상한 사람들 생각을 했다.

2.
거대한 날개를 단 카누

 곧 서리가 내렸다. 감이 빨갛게 변하면서 물렁물렁하고 달콤해졌다. 뾰족한 가시 껍질을 뚫고 밤이 툭 불거져 나왔다. 포카혼타스는 감과 밤을 찾아다니기 좋아했다. 한번은 호두를 가지고 가는 다람쥐를 보고 그 뒤를 살그머니 밟았다.

다람쥐는 텅 빈 통나무 속에 호두를 감춰 놓았다. 그리고 다시 호두를 찾으러 떠났다. "나도 사냥꾼이야." 포카혼타스는 이렇게 혼잣말하며 통나무 속에 손을 넣

어보았다. 호두가 잔뜩 있었다. 두 손으로도 다 가져갈 수가 없었다. 마침 바구니를 가져간 덕분에 호두를 모두 바구니에 넣었다.

"다람쥐야, 고마워. 날 위해 호두를 이렇게 많이 모아 줘서." 그녀가 웃으며 말했다. 하지만 다람쥐가 돌아오면 호두가 다 없어진 걸 보고 슬퍼할 것이다. 말괄량이 소녀도 그걸 알았다. "하지만 숲 속에는 호두가 얼마든지 많이 있으니까." 그녀가 말했다.

마을 아이들은 그날 오후 호두를 배불리 먹으며 좋아했다.

다람쥐는 겨울이 곧 온다는 걸 알기 때문에 음식을 저장했다. 겨울이 오면 다람쥐도, 인디언도 집 안에 틀어박혀서 나오지 않았다. 차가운 겨울비가 내릴 때면 포카혼타스는 매일 불 옆에 앉아 있었다.

때때로 눈이 와서 온 세상을 하얗게 덮었다. 그러면 포카혼타스는 나가서 작고 동그란 토끼 발자국을 보았다.

소년들은 모두 크게 함성을 지르며 사냥을 떠났다. 말

괄량이 소녀는 로헌트가 만들고 있던 활과 화살을 달라고 졸랐다. 그것은 인디언 전통에 어긋나는 것이었지만, 말괄량이 소녀는 결국 그것을 손에 넣었다.

"망토와 다른 것을 만들 만큼 많이 잡아 올 테야." 그녀가 신이 나서 코바스 숙모에게 말했다. 그리고 우쭐대며 나가더니, 토끼를 잡아 왔다.

"토끼 가죽을 어떻게 다루는지 배워야 돼." 숙모가 말했다. 그래서 겨울동안 말괄량이 소녀는 불 옆에 앉아 토끼 가죽을 다듬었다. 살점을 다 뜯어내고 말려서 옷이나 다른 물건을 만들 수 있도록 매끈하게 만들었다.

짧은 겨울이 지나고, 다시 상쾌한 봄이 왔다. 여자들은 또다시 밭에 씨를 심어야 한다. 겨우내 보관해놓은 씨앗을 꺼내서 땅에 심었다.

새들은 벌써 남쪽에서 날아와 있었다. 말괄량이 소녀는 새소리를 듣고 새들이 날개를 퍼덕이는 모습을 보며 좋아했다.

하지만 땅에 심어 놓은 옥수수알과 콩알을 먹어버리는 새들을 누가 좋아하겠는가? "저 새들 먹으라고 우리가 씨를 심은 줄 아니?" 티모가 말했다.

 그래서 옥수수밭 한 가운데 나무로 단을 만들었다. 여러 사람이 돌아가며 그 위에 서서 새를 쫓아냈다. 로헌트는 기다란 장대 끝에 덜렁덜렁 풀잎을 달아서 마구 휘둘러댔다. 말괄량이 소녀는 앉아서 그것을 구경했다. 새들을 놀래켜서 쫓아버리는 게 재미있었다.

말괄량이 소녀는 우쭐대며 나갔다. 그리고 토끼를 잡아 왔다.

"그런 장대를 여러 개 꽂아 놓지 그래요?" 말괄량이 소녀가 로헌트에게 물었다. "그러면 바람이 불 때마다 풀잎이 날려서 새들이 도망갈 거예요."

"그럴지도 모르겠네." 로헌트가 말했다. "장대를 더 만들어 봐야지." 그래서 로헌트는 그 건방진 까마귀들에게 장대를 휘두르는 대신, 하루 종일 앉아서 장대를 만들었다. 포카혼타스가 갈대를 꺾어다 주었다.

로헌트가 갈대를 매단 장대들을 옥수수밭 여기저기에 꽂았다. "이제 새들이 무서워서 얼씬도 않겠어요."

"그럼." 로헌트가 맞장구쳤다. "어쨌든 갈댓잎이 다 마르기 전까지는 도움이 될 거야."

"그때쯤이면, 옥수수가 싹이 나 있을 거예요." 말괄량이 소녀가 말했다.

"그럴지도 모르지." 로헌트가 말했다. "그리고 그때쯤이면, 우리 부족은 강으로 내려가서 낚시할 거야."

"작년에 낚시한 기억 나요. 층층나무에 만발한 흰색 꽃이 바람에 날릴 때였어요."

"그 때까지 기다려 보자." 로헌트가 말했다.

....

　인디언들은 통나무로 만든 카누를 타고 강을 따라 내려갔다. 포카혼타스는 노를 젓고 싶었지만 브레이브 선은 다음에 오빠랑 타고 갈 때 노를 젓게 해주겠다고 말했다.

　카누에 쭈그리고 앉아 가던 말괄량이 소녀와 마을 사람들은 얼른 내리고 싶어 좀이 쑤셨다. 마침내 모래사장이 넓은 곳에 도착했다. 숲 속으로 몇 분만 걸어가면 마을이 나온다. 그들이 작년 여름에 살던 마을이었다. 집이 이삼십 채쯤 있었다. 작년에 두고 온 그대로였다.

　"여기 우리 집이 있다." 포카혼타스가 말했다.

　"아직 들어가지 마." 한 언니가 말했다. "나무껍질을 가져와서 지붕을 덮어야 돼. 구멍이 많이 나서 비가 다 샐 테니까."

　"누가 구멍을 만들었어?" 한 어린 사촌이 물었다. 그는 세 살배기 창코였다. 그는 포카혼타스를 졸졸 따라다녔다.

　"강력한 바람 추장과 강력한 겨울 추장이야." 큰 언니가 대답해주었다. "그들은 우리의 원수야."

"하지만 우리 원수는 수스케하녹 부족인 줄 알았는데." 창코가 대꾸했다. 긴 이름을 발음하느라 더듬거렸다.

"우리 원수는 사람도 있고, 사람보다 더 큰 것도 있어." 그러자 창코가 깊은 생각에 빠졌다. 그리고 나중에 포카혼타스에게 그게 무슨 뜻인지 물었다.

"비가 내려서 지붕에 구멍을 내는 거야." 포카혼타스가 대답했다. "겨울에 추위가 오면 나무가 갈라지고, 바람이 불면 조각이 날아가 버려."

"그러면 폭풍도 우리 원수구나."

"그래, 맞아." 포카혼타스가 대답했다. "무서운 원수지. 나무도 쓰러뜨리는 걸 봤어."

그로부터 며칠 후 거센 폭풍이 찾아왔다. 여자들이 아직 집수리를 끝내기도 전이었다. 남자들은 그물로 낚시하기에 바빴다. 먹구름이 계속 해를 가렸다.

그러더니 날이 점점 어두워지고, 강한 바람이 숲 속에서 윙윙거렸다. 나뭇가지들이 마구 휘청댔다. 하늘에서는 천둥소리가 울렸다.

창코는 천둥소리와 번갯불이 무서웠다.

그는 포카혼타스 옆에 바짝 붙어서 손을 꼭 잡았다. "나한테 오지 않게 해줘." 창코가 말했다.

"여기 있으면 너한테 오지 않을 거야." 포카혼타스가 말했다. 그녀도 전에는 천둥소리를 무서워했다. 그녀는 창코와 함께 로헌트 곁에 바짝 붙어 있었다. 로헌트는 그물을 고치고 있었다.

"카누에 있지 않은 게 다행이지." 로헌트가 말했다. "내일이면 숲에 물이 고였다가, 다시 내려갈 거야. 두고 봐."

"물이 내려가 버리면 볼 수가 없을 텐데요?" 창코가 물었다.

"아, 물이 가득 찼던 흔적을 보란 얘기야. 물이 쓸어 온 나뭇잎, 가지, 덤불 같은 것들이 숲 속 여기저기에 잔뜩 남는단다."

아니나 다를까 다음날은 맑게 개었다. 말괄량이 소녀와 몇몇 소녀들은 숲 속을 탐험하기로 했다.

"나도 가고 싶어." 창코가 말했다. 포카혼타스가 고개를 흔들었다. 그러나 창코가 몹시 실망해서 풀이 죽은 모습을 하자, 결국 허락해주었다. "좋아, 같이 가."

"말괄량이 소녀!" 코바스 숙모가 말했다. "창코를 데려가면 단단히 감시해야 한다. 혼자서 아무데나 가게 내버려 두면 안 돼. 잘못하면 창코를 잃어버릴지 모르니까."

"알겠어요." 말괄량이 소녀가 약속했다. 안 그래도 그녀는 창코를 아주 조심해서 돌봐주려고 했다. 창코를 매우 귀여워했기 때문이다. 포카혼타스가 다른 누나들보다 더 친절하고 더 잘 해주었기 때문에 창코는 그녀를 좋아했다.

"창코는 뭐하러 데려왔어?" 포카혼타스 친구인 피셔걸이 물었다.

"괜찮아. 귀찮게 굴지 않을 거야." 말괄량이 소녀가 걱정하지 말라고 했다.

그러나 얼마 후 숲에서 강가로 가는 도중, 두 소녀가 나머지 친구들 뒤에 쳐졌다. 뿌리째 뽑힌 단풍나무에서 가지를 꺾어 놀다가 옆으로 샌 것이다. 옆으로 드러누운 그 나무의 파란색 잎이 온 사방에 퍼져 있었다. 두 소녀는 가느다란 나뭇가지를 꺾어 서로를 뒤쫓았다. 바닥은 솔잎 때문에 미끄러웠다. 그들은 서로 쫓고 쫓기면서, 깔깔거렸다. 술래잡기를 하는 중이었다.

포카혼타스는 달리기를 아주 잘했다. 피셔 걸은 숨이 턱까지 차도록 뛰어서야 포카혼타스를 잡았다. 그리고 어깨를 나뭇가지로 살짝 쳤다. "이제 네가 달아날 차례야." 포카혼타스가 말했다.

"조금만 기다려." 피셔 걸이 말했다. 두 소녀는 소나무 아래 나란히 앉았다. 둘 다 숨이 차서 달릴 수가 없었다. 파랑새가 나무 위에서 노래하고 있었다. 두 소녀는 함께 온 친구들을 까맣게 잊었다.

"다른 애들은 어딨지?" 느닷없이 피셔 걸이 물었다. "아무 소리도 안 들려."

"근데 창코가 어디 있지?" 포카혼타스가 벌떡 일어서며 말했다. "어쩜 좋아! 내가 돌본다고 약속했는데!" 그들은 쏜살같이 친구들이 있던 곳으로 달려갔다. 그러나 거기에는 아무도 없었다.

"강으로 갔을 거야." 피셔 걸이 말했다. 둘은 서둘러 나무 사이를 지나 강가의 모래사장을 향해 달려갔다.

그러나 강가에 다다르기 전에 숲 속에서 다른 친구들을 만났다. 그들은 마른 나뭇잎들을 젖히고 땅을 파느라 정신없었다. "나무뿌리를 캐는 거야." 그들이 말했다.

포카혼타스가 두리번거렸다. "근데 창코는 어딨어?"

"너랑 있지 않았어?" 한 소녀가 물었다.

"얼마 전까지는 우리랑 있었는데." 또 한 소녀가 말했다. "하지만 지금은 여기 없어." 아무도 그 세 살배기 아이가 어디 있는지 몰랐다.

포카혼타스는 가슴이 철렁 내려앉았다. 그리고 강가 모래사장을 향해 달려갔다. 물이 야트막한 곳에 창코가 보였다. 큰 바위 위에 서 있었다. 주위는 온통 물이었다. 밀물이 다시 들어오고 있었다.

"창코!" 포카혼타스가 가까이 뛰어가며 소리쳤다. "돌아와!"

"물이 있어!" 창코가 대답했다. "어디가 땅이야?" 그는 바위 위에 서서 어느 쪽으로 뛰어내려야 할지 몰라 했다.

"그럼 기다려." 포카혼타스가 소리쳤다. 창코는 누나가 올 때까지 서서 기다렸다.

"자, 이제 내 목을 꼭 붙들어. 내가 안아줄게."

창코가 그렇게 했다. 창코는 어린아이였지만, 포카혼타스가 안고 가기에는 무거웠다. 포카혼타스는 그를 안고 겨우겨우 마른 땅까지 왔다.

"저것 봐!" 모래사장에 내리자마자, 창코가 소리쳤다. 그리고 물을 향해 손을 흔들었다.

포카혼타스가 바라보자, 괴상하게 생긴 큰 카누들이 보였다. 포카혼타스는 들키기 전에 얼른 숨어야겠다고 생각했다.

그녀는 창코의 손을 잡았다. "숲의 나무들 사이로 걸어가야 돼. 들키면 안 돼." 그리고 숲으로 들어갔다.

숲의 나무 사이에 숨어서 괴상한 배들을 바라보았다. 아주 멀리 있는 것 같았으나, 조금씩 다가오고 있었다. 세 척이었다. 포카혼타스가 보았던 그 어느 카누보다 훨씬 더 컸다. 배 마다 아주 긴 장대가 하늘을 찌르고 있었다.

그 장대에는 거대한 날개 같은 하얀 물체가 펄럭였다. 바람이 세게 불자 그것이 둥글게 부풀었다.

포카혼타스가 보니 노를 젓는 사람이 없었고, 사람들은 다만 그 장대 주변에서 움직이고 있었다. 너무 멀어서 사람들의 모습은 똑똑히 볼 수 없었다.

천천히, 소리 없이, 그 괴상한 날개를 단 카누들이 다가왔다. 말괄량이 소녀가 창코에게 말했다.

"믿을 수가 없어. 얼른 집에 가서 아빠에게 알려 드리자."

포카혼타스와 창코는 재빨리 집으로 왔다. 그러나 이미 다른 사람이 소식을 가지고 왔다. 그는 포하탄의 동생 오페캉카노였다.

오페캉카노는 포카혼타스의 삼촌들 중 가장 힘세고, 가장 전쟁을 잘하는 용사였다. 적과 싸울 때면 그가 용사들을 이끌고 앞장서 나갔다. 마을 사람들은 그를 오페캉카노라고 불렀는데, 사나운 전쟁 추장이란 뜻이었다. 전쟁이 아닌 평화 시에는 포하탄이 추장이었다.
 오페캉카노가 포하탄이 앉아 있는 집으로 들어왔다. 포카혼타스가 슬그머니 뒤따라 들어왔다.
 "이상한 일이 일어났어." 오페캉카노가 잠시 말을 쉬

"자, 이제 내 목을 꼭 붙들어. 내가 안아줄게."

었다가 다시 이었다. "폭풍이 칠 때 우리는 소금물로 들어가는 강에 있었어. 우리는 카누를 강가로 몰아가려고 애쓰고 있었는데, 그때 이상한 물체가 나타났어.

시커멓게 폭풍이 치는 가운데, 거대한 날개를 단 물체 세 개가 보였어. 옛날에 하얀 사람을 태우고 이곳에 나타났다고 하는 그 물체 같았어. 너무 멀어서 사람들은 볼 수가 없었어. 그 물체는 파도에 휘청거리면서, 바닷가로 들어왔어. 그래서 그 소식을 알려주려고 이렇게 왔어."

"우리도 봤어요." 포카혼타스가 말했다. 그녀는 삼촌이 말하는 동안 너무 조용히 듣고 있었기 때문에, 어른들은 그녀가 있는지도 몰랐다. "창코와 둘이 봤어요."

"어디서?" 삼촌이 물었다.

"어디 얘기해 봐라." 아버지가 말했다.

"나무들 사이로 가서 강가에 갔어요. 다른 친구들이랑. 나는 창코를 돌보겠다고 약속했는데 내가 노는 동안 창코가 강가로 갔어요. 내가 창코를 데리러 갔을 때 하얀 날개를 단 카누들이 보였어요.

너무 멀리 있어서 거기에 탄 사람들은 제대로 볼 수가 없었어요. 간간이 햇빛을 반사했어요. 그리고 강을 따라 올라왔어요. 그래서 알려드리려고 얼른 뛰어 왔어요."

"하얀 사람들이 틀림없어." 사나운 전쟁 추장이 말했다.

"잘했다." 포하탄이 딸에게 말했다. "이제 가서 로헌트를 불러오렴."

포카혼타스가 나가 보니 로헌트는 그물을 고치고 있었다. 그녀는 그에게 자세한 이야기를 해주었다.

"하얀 사람들일까요?" 그녀가 물었다.

"그럴 거야. 우리 인디언은 카누에 그런 날개가 없거든." 그는 그물을 조심해서 접었다. "다른 사람에게 그물을 마저 고치라고 해야겠다. 나는 마을마다 다니면서 사람들에게 이 소식을 전해줘야 돼."

"나는 안 데리고 갈 거예요?" 포카혼타스가 물었다.

로헌트가 흥분한 포카혼타스의 표정을 쳐다보며 빙긋이 웃었다. "미안하지만, 널 데려갈 수가 없어. 난 빨리 달려야 하거든."

"나도 달릴 수 있어요." 그녀가 졸랐다.

로헌트가 웃었다. "얼른 이사 준비나 해라. 다시 강 위로 올라가야 돼. 날개 달린 카누가 그리로 갔으니, 네 아버지께서 다시 돌아가자고 하실 거다."

그러다 로헌트가 무슨 생각이 났다는 듯이 말했다. "자, 여기 있다. 위워가 오늘 아침 또 하나 발견했어." 그는 진주를 포카혼타스 손바닥에 놓았다.

그리고 로헌트는 포하탄에게 갔다. 그는 다리가 짧았지만, 마치 포카혼타스에게 자기가 얼마나 빨리 달리는지 보여주려는 듯 쏜살같이 달려갔다.

3.
자피 숙모 집으로

 여름이 끝날 무렵 말괄량이 소녀는 북쪽 마을에 다니러 갔다. 포토맥이라 부르는 강 옆에 있는 그 마을에는 자파조 삼촌 내외가 살고 있었다.

포카혼타스는 그 마을에 가기를 좋아했다. 편편한 모래사장에서 재주넘기도 하고, 달콤한 블랙베리도 따 먹었다. 실개울에 가서 부들풀도 따고, 바구니 만드는 골풀을 모아 자피 숙모에게 가져다주었다.

자피: 자파조의 애칭

강을 따라 몇 킬로미터 올라가면 물살이 바위에 세게 부딪히는 지점이 있었다. 그 주변의 자잘한 돌멩이들은 화살촉을 만드는 데 안성맞춤이었다. 포카혼타스는 개울 옆 숲에서 자주 놀았다. 남자들은 돌멩이를 쪼아 뾰족한 화살촉을 만들기에 바빴다.

"왜 그렇게 화살촉을 많이 만들어요? 그렇게 많이 필요해요?" 포카혼타스가 물었다.

"다른 사람들에게 갖다 주려고." 그중 한 남자가 대답했다. 그는 한 손에 든 돌멩이로 또 다른 손에 든 돌멩이를 탁탁 쪼았다.

"화살촉을 다른 사람들에게 줘요?" 포카혼타스가 계속 물었다.

"이걸 갖다 주면 다른 물건을 받아 오거든." 화살 만드는 사람이 대답했다. "짐승 가죽이나 새 깃털 같은 거. 우리는 그걸로 겨울에 입을 옷을 만들어. 그 사람들은 이 화살촉으로 새나 짐승을 사냥하고."

"아저씨도 사냥해요?"

"가끔. 하지만 난 화살촉을 더 잘 만들기 때문에 주로 여기서 일해. 사냥은 다른 사람들이 하는 게 나아. 이렇게 하면 서로 공평해. 안 그러니? 그래서 사람들은 나를 화살 장이라고 부르지."

포카혼타스는 화살 장이에게 돌멩이들을 갖다 주었다.

포카혼타스는 화살 장이 옆에 앉아 구경하는 게 좋았다. 둥근 돌멩이가 점점 뾰족해졌다. 때때로 그는 돌멩이를 큰 조각으로도 부쉈지만, 대체로 돌멩이를 아주

화살 장이: 화살 만드는 사람이란 뜻

조금씩 쪼았다. 사냥하기에 적당할 만큼 뾰족해질 때까지 쪼았다. 화살 장이는 돌멩이를 한 개도 망치지 않았다. 돌멩이가 화살촉에 적당한지 골라서 사용했기 때문이다.

포카혼타스는 화살 장이에게 돌멩이들을 갖다 주었다. 반반하고 모나지 않은 돌멩이를 골라야 했다. 그런 돌멩이는 쪼아도 가루처럼 부서지지 않기 때문이다.

....

"같이 놀 친구를 소개해줄까?" 어느 날 자피 숙모가 물었다. "이 애는 우리말을 거의 못해. 하지만 네가 지금부터 가르쳐 줄 수 있을 거야."

"우리의 원수예요?" 포카혼타스는 자기 부족과 다른 말을 하는 사람들은 모두 원수라고 들었다. 그녀는 새 친구를 유심히 쳐다보았다. 키는 자기만 했다. 포카혼타스가 그 소년에게 다정하게 미소를 지었다.

"우리 원수였어." 자피 숙모가 대답했다. "우리 용사가 이 아이를 잡아왔어. 그리고 죽이려고 했는데, 내가 입양하겠다고 했어. 모혹 부족과의 전쟁 때 내 아들이 죽었잖니? 그래서 내 아들 대신 삼고 싶었어. 이제 이 아이는 나를 엄마라고 부르고, 나는 이 아이를 아들이라고 불러."

"용사들이 이 아이를 숙모에게 줬어요?" 포카혼타스는 여전히 어리둥절해서 물었다.

"우리 부족의 풍습이야." 자피 숙모가 대답했다. "만일 여자가 원하면, 전쟁 포로를 구해줄 수 있어. 남자애든 여자애든. 자기 아이로 입양하는 거야."

"어른 남자나 여자도 구해줄 수 있어요?" 말괄량이 소녀가 물었다.

"응. 남자나 여자도." 숙모가 말했다. "여자들의 권리야. 우리 부족의 전통이지. 하지만 보통 자기 아들로 키우려고 어린 남자애를 입양해."

포카혼타스는 머릿속으로 계속 생각했다. 그리고 그 '캡티브 보이'(잡혀 온 소년)를 데리고 가서 자기가 늘

포로: 전쟁에서 사로 잡은 적
캡티브 보이 Captive Boy: 잡혀온 소년이란 뜻

놀던 곳을 보여주었다.

　포카혼타스는 캡티브 보이에게 자기들 말을 가르쳐주는 것이 재미있었다. 함께 걸어가면서 나뭇잎, 덤불, 돌멩이라는 단어를 가르쳐주었다. 그러면 그 소년은 정확하게 발음될 때까지 그대로 따라 했다. 어떤 단어를 제대로 발음하지 못하면 둘 다 웃음을 터뜨렸다.

　"걸어." 포카혼타스는 이렇게 말하며 걷는 동작을 했다. "나무." 그리고 손가락으로 나무를 가리켰다. 소년은 그 단어들을 그대로 발음하려고 했다.

　얼마 가지 않아 둘은 제법 대화를 나눌 수 있게 되었다.

　곧 캡티브 보이는 포카혼타스와 함께 화살촉을 만들 돌멩이를 모았다. 둘은 개울 위아래를 뛰어다녔다. 포카혼타스는 혼자서 노는 것보다 캡티브 보이와 함께 노는 것이 더 재미있었다.

　"내가 캡티브 보이를 입양하고 싶어요." 그녀가 자피 숙모에게 말했다. 숙모가 웃었다. "그 애는 이제 내 아들이야. 넌 다른 소년을 찾아봐. 네 삼촌 사나운 전쟁 추장이 곧 전쟁 포로를 잡아올 테니까, 그때까지 기다려. 그런데 아들을 돌보기에는 네가 좀 어린 것 아니니?"

포카혼타스는 미소만 지었다. 그리고 속으로 생각했다. '나이가 더 많은 사람을 입양해야지. 그럼 돌봐줄 필요가 없을 테니까.' 하지만 겉으로는 말하지 않았다.

"사람들이 그러는데 너희 삼촌이 하얀 사람 하나를 포로로 잡아왔대. 저 아랫마을에 있다고 들었어."

"어머나!" 포카혼타스가 말했다. "그 사람들이 몰고 온 큰 카누들을 봤어요." 그녀는 자피 숙모에게 자기가 본 걸 모두 이야기해주었다. 캡티브 보이는 유심히 듣고 있었다.

포카혼타스가 말을 마치자, 자피 숙모가 말했다. "그런데 그 큰 카누에 하얀 사람들이 많이 있었어. 그들이 첫날밤에 해변에 내렸는데, 인디언 용사들이 보고 그들이 침략하는 줄 알았어."

"나도 알아요!" 캡티브 보이가 말했다. "우리 아빠와

사나운 전쟁 추장 Fierce War Chief.

형도 거기 있었어요. 아빠와 형은 하얀 사람들이 우리 나라에 들어오는 게 싫었대요. 그래서 그 낯선 사람들을 모두 죽이거나 잡으려고 했어요."

"그래서 그들을 죽였어?" 포카혼타스가 물었다.

"아니. 그 하얀 사람들이 보초를 세워 놨어. 인디언들이 다가가니까 그 보초가 소리를 쳐서 나머지 사람들이 모두 벌떡 일어났어.

우리 아빠는 가까이서 봤는데, 하얀 사람들이 모두 기다란 막대기를 옆에 놓아두었다가 일어나서 그걸 집었대. 그리고 그 막대기를 우리 부족 사람들에게 겨누었는데, 그 막대기에서 요란한 소리가 나고 연기가 뿜어져 나왔대. 작고 동그란 공 같은 것이 날아가더니 한 사람이 그걸 맞고 땅바닥에 쓰러졌어 그래서 우리 아빠와 나머지 인디언들은 쏜살같이 달아났어. 아빠가 그러는데, 평생 그렇게 힘센 마술은 처음 봤대."

"나도 들었어." 자피 숙모가 말했다. "하얀 사람들은 끝이 아주 뾰족하고 반짝거리는 긴 막대기도 가지고 다닌대."

"맞아요." 캡티브 보이가 맞장구쳤다. "아빠가 그러는데, 그것도 대단한 마술이래요. 뭐든지 건드리면 잘린대요. 화살보다 더 심하게 해를 입힌대요. 해가 비치면 그 막대기에서 눈 부신 빛이 번쩍 튀어나오고요."

"왜 그 사람들과 싸우려는 거야?" 말괄량이 소녀가 물었다.

"나도 몰라." 캡티브 보이가 말했다. "그냥 우리 지역에 다른 사람이 들어오는 게 싫어서 그러는 것 같아."

"그건 우리 부족의 풍습이란다." 자피 숙모가 말했다.

....

포카혼타스는 좋은 생각이 떠올랐다. 그러나 숙모 앞에서는 말하지 않았다. 그리고 캡티브 보이와 함께 불피울 가지를 주우러 갔을 때, 그 생각을 털어놓았다.

"그 하얀 사람 보고 싶지 않아?" 포카혼타스가 물었다.

"응, 보고 싶어. 사실 내가 하얀 사람들 보러 갔다가 너희 부족에게 잡혀 온 거야. 용사들 뒤를 살며시 따라가고 있었거든."

"그럼 같이 가자." 그녀가 말했다.

"어디를?" 그 소년이 물었다.

"가서 그들을 찾아보자. 만일 사나운 전쟁 추장 삼촌이 하얀 사람 하나를 잡았다면, 어디 있는지 우리가 찾을 수 있을 거야. 지금쯤 뭘 하고 있는지 알 것 같아. 만일 삼촌이 그 하얀 사람을 죽이지 않았다면, 그를 이 마을 저 마을 데리고 다니며 마을 사람들에게 구경시켜 주고 있을 거야. 그리고 마지막으로 자기 마을에 데리고 갈 텐데, 거기서는 우리 아빠가 수석 추장이야."

"하지만 그 마을들은 여기서 아주 멀어." 캡티브 보이가 반대했다. "난 길도 몰라."

"난 가장 가까운 마을까지 가는 길을 알아." 포카혼타스가 말했다. "틀림없이 삼촌이 그 마을에 갈 거야. 이 강을 따라 계속 가다가 숲을 지나가면 다른 강이 나오는데 거기가 마을이야. 난 가서 하얀 사람을 보고 싶어."

"나도 그래." 캡티브 보이가 말했다. "하지만 조금 어두워질 때까지 기다리자. 그러면 우리가 가는 걸 아무도 보지 못할 테니까. 어두울 때도 찾아갈 수 있어?”

“그럼.” 포카혼타스가 대답했다. “처음에는 아주 쉬워. 강을 따라가기만 하면 돼.”

그날 저녁, 두 아이는 주워온 나뭇가지들을 마을에 가져간 뒤, 자피 숙모가 만든 옥수수 콩죽을 먹었다. 그리고 다른 사람들이 자리에 누울 때까지 기다렸다. 그리고 각각 서로 다른 길로 마을을 빠져나간 뒤에, 하얀 모래사장에서 만났다.

“말린 사슴고기를 가져왔어.” 포카혼타스가 말했다. “가다가 길에서 먹으려고. 밤새 쉬지 않고 걷는다 해도 내일 오후 늦게나 돼야 마을에 도착할 수 있어.”

그들은 얼마 지나지 않아 밤새 쉬지 않고 걸을 수는 없다는 걸 깨달았다. 점점 피곤하고 졸음이 왔다. “아, 좀 쉬어야겠다.” 포카혼타스가 늘어지게 하품을 하며 말했다.

“그럼 이렇게 하자.” 캡티브 보이가 말했다. “넌 여기서 누워 자. 내가 앉아서 망을 볼게. 그리고 나서 내가 자는 동안 네가 망을 봐.”

"좋아." 포카혼타스가 말했다. 그녀는 너무 졸려서 그 말조차 제대로 하지 못했다. 그리고 나무 아래 쌓여 있는 마른 잎 사이를 비집고 들어가 누워 잠에 곯아떨어졌다.

캡티브 소년은 가까운 곳에 앉아 있었다. 잠을 안 자고 망을 볼 수 있을 거로 생각했지만, 고개가 툭툭 떨어졌다. 다시 고개를 들기도 전에 그 역시 곯아떨어졌다.

둘은 아침 해가 뜰 때까지 잠을 잤다. 잠에서 깬 캡티브 보이는 보초를 제대로 서지 않아 부끄러웠다. 그러나 말괄량이 소녀는 웃었다. "아무도 다친 사람이 없으니 괜찮아. 이제 마을로 가자." 그녀가 말했다.

이제 해가 하늘 높이 떴다. 그들은 마른 사슴고기를 먹고 맑은 개울에서 물을 마셨다. "이제 얼마 안 남았어." 말괄량이 소녀가 친구에게 말했다.

갑자기 캡티브 보이가 손을 들어 포카혼타스에게 조용히 하라는 신호를 보냈다. 그녀는 소리 없이 돌아보았다. 누군가 걸어오는 소리가 들렸다. 원수를 찾거나 사냥을 하는 사람은 아니었다. 왜냐하면 그의 발밑에서 나뭇가지 부서지는 소리가 났고, 덤불을 헤치고 갈 때도 소리를 냈기 때문이다.

"만일 저 사람이 원수나 동물을 뒤쫓고 있다면, 아무 소리도 내지 않고 걸었을 거야." 포카혼타스가 말했다.

두 아이는 소리 내지 않고 가만히 숨어 있는 방법을 잘 알았다. 말도 하면 안 되고 나뭇잎이나 나뭇가지를 건드려도 안 된다. 그리고 나무 뒤에 숨어 있어야 한다. 둘은 금세 나무 뒤로 사라졌다. 하지만 그들 뒤에는 시커먼 눈 두 개와 날카로운 귀 두 개가 그들을 엿보고 있었다.

또다시 발걸음 소리가 들렸다. 누군가 그들이 숨어 있는 곳으로 접근해 왔다. 그러자 포카혼타스가 얼른 튀어나와 그 남자의 앞을 가로막았다.

"로헌트!"

알고 보니 그는 아버지의 심부름꾼이었다.

....

로헌트는 포카혼타스가 마을에서 그렇게 멀리 떨어진 숲 속에 와있는 걸 보고 깜짝 놀랐다.

"말괄량이 소녀! 도대체 어떻게 여기까지 온 거야? 그리고 어딜 가는 거지?" 그는 잔뜩 걱정된 목소리로 물었다. "왜 숲 속에 혼자 있어?"

"혼자가 아니에요." 그녀는 나무 뒤로 걸어갔다. "캡티브 보이!" 그녀가 불렀다. "나와도 돼. 이 사람은 내 친구야!" 그러나 아무 소리도 들리지 않았다.

또다시 발걸음 소리가 들렸다.

"아저씨가 무서워서 그런가 봐요." 그녀가 로헌트에게 말했다. "자피 숙모가 입양한 아들이에요. 사나운 전쟁 추장 삼촌이 하얀 사람을 잡았다고 들었어요. 그래서 우리 둘이 보러 가기로 했어요. 그런데 우리 용사가 하얀 사람 하나를 잡았다는 게 정말이에요?"

"정말이야." 로헌트가 말했다. "나도 그것 때문에 이 길로 가고 있는 거야. 너희 삼촌과 숙모와 화살 장이에게 알려 주려고."

"어떻게 생겼어요?" 말괄량이 소녀가 물었다. "언제 여기로 와요? 아저씨는 그다음에 어디로 가요?"

"자, 천천히, 천천히!" 로헌트가 말했다. "그렇게 계속 물으면 내가 어떻게 대답을 하겠니? 먼저 네 숙모가 사는 마을에서 언제 떠났니? 숙모가 잔뜩 걱정하시겠어." 로헌트는 걱정이 된 음성이었다. 포카혼타스는 고개를 떨어트렸다. 숙모가 알면 허락하지 않았을 것이다.

"어두워지기 전에 떠났어요." 그녀가 로헌트에게 말했다. "강을 따라서 달이 하늘 높이 뜰 때까지 걸었어요. 그리고 아침에 이 길에 들어왔고요. 전에도 여기 와

본 적이 있기 때문에 이 길을 잘 알아요. 캡티브 보이가 나와 함께 왔어요."

그리고 또다시 캡티브 보이를 불렀다. 로헌트도 같이 불렀다. 그러나 아무 대답이 없었다.

"겁이 났나 봐." 로헌트가 말했다. "그렇지 않으면 자기 부족이 사는 마을 근처에 왔다고 생각하고 달아났는지도 몰라. 그 아이가 몇 살이니?"

"저보다 조금 어려요." 포카혼타스가 대답했다.

"아마 자기 부족에게 돌아간 것 같다. 이제 네 숙모가 뭐라고 하시겠니?"

포카혼타스는 정신이 번쩍 들었다. "모르겠어요." 그러나 입양한 아들을 잃어버린 걸 알면 숙모가 몹시 슬퍼할 것을 알았다. 캡티브 보이를 데리고 몰래 떠났다고 화를 낼 것이다.

"금방 알겠지." 로헌트가 말했다. "내가 마침 그 마을로 가는 길이야. 너도 나랑 가는 게 좋겠다."

포카혼타스는 가고 싶지 않았다. 가서 무슨 일이 일어날지 생각하니 마음이 몹시 불편했다. 화살 장이 아저씨가 웃음을 터뜨리며 하는 말이 들리는 듯했다. "하하! 포로를 구경하러 가다가 포로를 놓쳐 버렸구나!" 그러니 아무래도 마을에 돌아가지 않는 게 좋겠다.

"용사들이 간 마을로 가야겠어요." 포카혼타스가 말했다.

"그러면 사나운 전쟁 추장 삼촌이 뭐라고 하시겠니?" 로헌트가 물었다.

포카혼타스도 이미 생각을 했다. 그 삼촌은 조금 무서웠다. 자기가 캡티브 보이를 데리고 몰래 마을을 빠져나온 걸 알면 야단이 날 것이다.

그러니 삼촌을 당분간 안 만나는 게 좋겠다. 게다가 캡티브 보이가 사라진 걸 알면 몹시 화를 낼 것이다. 자피 숙모보다 더 무섭게 화를 낼 것이다.

어쨌든 로헌트와 함께 가는 편이 더 나을 것 같았다.

"좋아요. 아저씨를 따라갈래요."

"빨리 걸어야 한다."

"뛰어갈게요." 포카혼타스가 다짐했다. 로헌트는 다리가 자기보다 길지는 않았지만, 훨씬 빨리 걸을 수 있었기 때문이다.

 포카혼타스는 뛰어야 할 정도는 아니었지만, 캡티브 보이와 함께 걸었던 길을 아주 빨리 걸어 돌아가야 했다. 가는 길에 계속해서 캡티브 보이가 있나 둘러보았지만, 아무 흔적이 없었다. 마을 가까이 다다르자 포카혼타스는 점점 더 마음이 무거워졌다.

 캡티브 보이를 잃어버렸다는 사실에 자피 숙모는 몹시 슬퍼했고, 포카혼타스는 몹시 미안했다. "죽은 내 아들을 대신해서 삼았는데! 이제 아들을 또 잃어버렸어!" 자피 숙모는 엉엉 울면서 땋고 있던 긴 머리를 모두 풀어헤쳐 얼굴을 덮었다.

 포카혼타스는 슬며시 자리에서 빠져나갔다. '숙모를 슬프게 만들 생각은 없었는데……' 그녀는 속으로 생각했다. '내가 정말 잘못한 거야.'

4.
하얀 사람의 마술

　　포카혼타스는 그날 저녁 소리 없이 모닥불로 돌아왔다.
　"이 사람들은 우리 부족과 무역하러 왔어요." 로헌트가 말하고 있었다.
　"내 생각에 그 사람들은 자기 나라에서 옥수수를 본 적이 없는 것 같아요. 처음에 옥수수를 보더니 그게 뭔지 전혀 모르더라구요. 그런데 지금은 옥수수를 아주 좋아해요. 우리 여자들이 겨울에 쓰려고 말려 놓은 콩과 호박도 아주 좋아하죠."

"그 사람들은 여기 정착하려고 하나요?" 한 남자가 물었다.

"처음에는 그들이 떠날 거로 생각했어요. 여자와 아이들은 한 명도 없었거든요. 하지만 큰 카누들이 다시 떠나면서 남자들 여러 명을 남겨 놨어요. 그러다 여름이 너무 길고 더워서 여러 명이 죽었어요. 아마 이곳의 뜨거운 여름에 익숙지 않았나 봐요.

이제 그들은 이상한 물건을 가져와서 우리 음식과 바꾸려 해요."

로헌트는 옆구리에 찼던 주머니에서 반짝거리는 물체를 한 줌 꺼냈다. 포카혼타스는 그의 곁으로 바짝 다가갔다.

"이 딱딱한 것을 구슬이라고 불러요. 한가운데 쬐그만 구멍 보여요? 색깔이 얼마나 다채로운지 보세요. 이보다 더 놀라운 걸 보여 줄게요. 자, 이건 거울이라고 불렀어요. 말괄량이 소녀, 이것 좀 봐."

그는 둥글고 반짝이는 물체를 손에 들었다. 포카혼타스가 그것을 들여다보았다.

"저 속에 소녀가 있어요!" 그녀가 놀라서 소리쳤다. 다른 사람들이 옹기종기 모여들었다.

"아니야, 남자야!" 한 용사가 소리쳤다.

"아니야, 여자야!" 포카혼타스 옆에 서 있던 자피 숙모가 소리쳤다.

로헌트가 웃었다. "내가 들여다보면 로헌트가 있어요. 키 작은 남자. 여러분은 모두 자기 자신을 본 거예요."

포카혼타스가 또다시 자기 얼굴을 들여다보자, 자피 숙모가 옆으로 비켜나면서 인상을 찌푸렸다. 거울 속의 얼굴은 지금까지 물 위에 비쳤던 말괄량이 소녀보다 훨씬 더 선명하게 보였다.

거울 속에는 갈색 얼굴에 동그란 두 뺨 옆으로 검은색 머리가 내려왔다. 까만 눈동자가 반짝거렸다. 목에는 풀을 꼬아 만든 줄에 금색 고리가 달려 있었다.

'내가 크면, 이 줄에 진주를 많이 달아야지.' 포카혼타스가 생각했다. '머리카락은 두 갈래로 땋아서 늘어뜨리고. 얼굴에는 새빨간 물감을 칠할 거야. 새 깃털로 만

든 망토를 두르고. 흠, 언제 그렇게 될까…….'

하지만 빨리 그렇게 되고 싶지는 않았다. 그때가 되면 더는 놀 수도 없고, 다른 여자들처럼 온종일 일을 해야 하기 때문이다. 이리저리 뛰어다니며 놀 수 없다면 얼마나 괴로울까?

"하지만 하얀 사람들은 이보다 더 놀라운 마술을 가지고 있어요." 로헌트가 주변 사람들에게 말했다. "그 하얀 사람이 얼마나 놀라운 능력이 있었던지, 사나운 전쟁 추장이 다른 사람들은 다 죽였지만 이 사람은 안 죽였어요."

"왜요? 무엇 때문에요?" 모두 다 한꺼번에 물었다.

"이 거울과 비슷한 거예요." 로헌트가 대답했다. "유리로 된 거였어요. 하지만 그건 자기 얼굴을 들여다보는 게 아니에요. 대신 가느다랗고 반짝이는 바늘이라고 하는 것이 있는데 그 바늘은 만지려고 해도 만질 수가 없고, 유리만 만져져요.

이제 잘 들어봐요. 그 바늘은 하늘에 위대한 별을 가리키고 있어요. 항상 북쪽을 가리키는 별 말이에요. 하얀 사람이 그 유리를 어느 방향으로 돌려도 그 바늘은 따로 돌면서 계속 그 별을 가리켜요. 정말 놀라운 마술이죠.

우리가 다 눈으로 봤어요. 그 바늘이 어떻게 그 유

"저 속에 소녀가 있어요!" 그녀가 놀라서 소리쳤다.

리 속에 있는지, 그리고 어떻게 혼자서 돌아가는지는 알 수가 없어요. 그래서 사나운 전쟁 추장이 그 사람을 데리고 다니면서 마을 사람들에게 구경시켜주고 있어요."

"어머나! 어머나!" 사람들이 저마다 감탄을 했다.

"내가 그 소식을 전해주려고 왔어요. 그 하얀 사람은 곧 포하탄 추장 마을로 갈 거예요. 만일 그 사람과 그 마술 바늘을 구경하고 싶으면, 그 마을로 가세요."

"갑시다! 갑시다!" 여러 사람이 말했다.

"나도 가야겠어." 자피 숙모가 말했다. "그리고 너, 말괄량이 소녀도 나와 함께 가자. 거기 가면 몰래 달아나지 않겠지."

포카혼타스는 고개를 숙인 채 아무 말도 하지 않았다.

"그게 전부가 아니에요. 하얀 사람은 심지어 더 놀라운 마술도 해요." 로헌트가 계속 말했다. "내가 직접 보지 않았다면, 절대로 믿지 못했을 거예요."

"어머나! 어머나!" 열심히 듣고 있던 사람들이 감탄했다.

"종이라고 하는 거예요." 로헌트가 설명했다. "자기가 입고 있던 가죽 외투에서 그 뭉치를 꺼내더니 한 조각을 찢었어요. 그리고 시커먼 표시를 했어요.

그러더니 '이걸 가져가세요.'라고 말했어요. '내 친구들 마을에 가져가면, 그들이 내가 당신에게 약속한 선물을 줄 겁니다.' 그래서 우리들 중 네다섯 명이 그 종이를 가져갔어요. 그건 마치 자작나무 껍질의 안쪽 같은데, 다만 덜 뻣뻣하고 더 얇아요. 우리는 하얀 사람 마을 가까이 갔는데, 겁이 났어요. 하지만 만일 하얀 사람들이 그 종이를 받고 우리에게 선물을 준다면, 우리가 누구인지도 알아맞힐 수 있을 거로 생각했어요. 그래서 우리는 천천히 마을에 접근해서 담장까지 갔어요. 그리고 덤불 위에 그 종이를 올려놓았어요. 그랬더니 하얀 사람들이 그 광경을 봤어요. 잠시 후 그중 한 사람이 덤불에 가서 그 종이를 집더니 유심히 관찰했어요. 그리고 담장 안으로 들어갔어요.

곧 다른 사람들이 나와서는 우리더러 들어와서 선물을 가져가라고 했어요. 내가 그렇게 해서 이 거울을 받아온 거예요.

그 종이는 진짜로 말을 했어요. 어떻게 말을 했는지는 도무지 모르겠어요. 아무 소리도 들리지 않았거든요. 어쩌면 그 종이는 하얀 사람들에게만 말을 하나 봐요."

포카혼타스는 놀라움을 금치 못했다. 그건 정말 믿기 어려웠다. 이해하기는 더더욱 어려웠다. '언젠가 그 마술의 종이를 봐야겠어.' 그녀가 속으로 말했다. '이 사람들은 분명 좋은 사람들일 거야.'

얇팍한 흰색 물체가 말을 하다니! 모두다 도무지 이 세상에서 어떻게 그런 일이 일어날 수 있는지 알 수가 없었다. 진정 놀라운 마술이다!

"하지만 이제 그 사람을 포하탄에게 데려간다니……." 자피 숙모가 말했다. "그럼 그 사람과 그의 마술도 끝이 나겠군."

포카혼타스는 덜컥 겁이 났다. 보나 마나 아버지는 하얀 사람 포로를 죽일 것이다. 그리고 모든 마술도 사라질 것이다. 그녀는 어떻게든 그 이상한 사람을 보고 싶었다.

"이 아이를 잘 감시해. 다시는 달아나지 못하도록."
로헌트와 포카혼타스가 마을을 떠나려고 할 때 자피 숙모가 로헌트에게 말했다. 자피 숙모는 캡티브 보이 사

"이 아이를 잘 감시해. 다시는 달아나지 못하도록."

건을 잊을 수가 없었던 것이다.

 포카혼타스는 로헌트와 함께 있어 다행이라고 느꼈다. 로헌트는 좋은 친구이고 자기에게 화를 내지 않을 것이다.

 로헌트는 사람들이 묻는 말에 끝없이 대답해야 했다. 포카혼타스는 그 대답을 하나도 빼놓지 않고 귀 기울여 들었다.

 "그 사람들은 어떻게 생겼어요?" 사람들이 가장 많이 하는 질문이었다. 로헌트는 반복해서 대답해야 했다.

 "머리카락은 우리보다 더 엷은 색인데 노랑도 있고, 붉은색도 있는데 대부분은 갈색이에요. 우리처럼 머리가 검은 사람은 하나둘 밖에 없어요. 우리처럼 머리카락을 길게 기르지도 않아요. 그 사람들은 입술과 턱에도 머리카락이 많이 있어서, 언뜻 보면 꼭 짐승 같아요.

 대부분은 눈동자가 아주 연한 색인데 마치 하늘 같은 색이에요. 얼굴은 우리보다 훨씬 하얗고요."

 "그 사람들이 어떻게 생겼는지 어떻게 아세요?" 포카혼타스가 로헌트에게 물었다.

"그들이 오자마자 우리가 감시해야 했거든." 로헌트가 대답했다. "나도 여러 번 가서 직접 봤지. 우리가 그 사람들 근처의 나무들 뒤에서 숨어서 보기 때문에, 그들은 아무 눈치도 못 챘어. 그러고보니 너도 숨기에는 뛰어나잖니." 포카혼타스가 깜짝 놀란 얼굴을 하자, 로헌트가 웃었다.

"네가 숲 속에 숨어서 엿보는 걸 내가 여러 번 봤어." 그가 계속 말했다. "이다음에 용사가 되려고 그러니?"

포카혼타스는 당황해서 어쩔 줄 몰랐다. "아니요. 어쨌든 뭘 죽이는 건 싫어요. 아무리 작은 거라도요. 그러면 너무 불쌍해요! 난 그냥 숲을 관찰한 것뿐이에요."

"나도 알아." 로헌트가 말했다. "넌 지게 요람에서 나오자마자 어찌나 장난꾸러기였는지, 내가 몇 번이나 위험에서 구해야만 했어. 이제는 창코가 꼭 네가 어릴 때처럼 내 뒤를 졸졸 쫓아다닌단다."

"아, 창코가 보고 싶어요! 내가 없는 동안 많이 컸어요?"

지게 요람: 인디언들은 납작한 판에 아기를 묶어서 지게 처럼 지고 다녔다.

"그럼. 창코는 자기가 다 자라서 이제 다른 소년들처럼 밖에 나갈 수 있다고 생각해. 하지만 아직 어려. 널 보면 좋아할 거야."

지금은 추운 겨울이었기 때문에 가다가 도중에 잠을 잘 때는 모닥불을 피웠다. 포카혼타스는 추워서 자피 숙모가 덮고 자는 담요 밑으로 들어갔다.

"사람들이 그러는데 하얀 사람들이 덮는 담요는 우리 것보다 더 부드럽대. 이렇게 무겁지도 않고 더 따뜻하대." 자피 숙모가 말했다. "모직 담요라고 불렀어."

"나도 그걸 덮어봤으면…… 짐승 가죽은 너무 까칠하고 딱딱해요."

"넌 항상 새로운 걸 좋아하지." 자피 숙모가 말했다.

말괄량이 소녀는 곰곰이 생각했다. "자피 숙모, 우리 아빠에게 그 하얀 사람을 입양하겠다고 부탁하지 그래요? 그러면 그 놀라운 것들을 전부 우리에게 가르쳐줄 텐데."

자피 숙모가 고개를 흔들었다. "난 남자 아이가 필요해. 어른 남자가 내게 무슨 소용이 있겠어? 게다가 그렇게 이상한 사람을? 아, 내 캡티브 보이를 잃어버렸으니!"

자피 숙모의 목소리에는 원망이 서려 있었다.

....

그 나그네들은 이제 포하탄의 마을 가까이에 도착했다. 창코가 입구에 서서 두 눈을 부릅뜨고 멀리 내다보고 있는 모습이 보였다. 그는 포카혼타스가 시야에 들어오자마자 냅다 달려왔다.

"아, 말괄량이 소녀! 내가 매일 매일 여기 서서 기다렸어. 여자들이 잔칫상을 준비하고 있어. 어서 와. 신나지, 안 그래?"

그는 두 팔로 포카혼타스의 목을 껴안았다. 포카혼타스는 어린 친구를 다시 만나 반가웠다. 둘은 함께 마을을 돌아다니며 무슨 일이 일어나고 있는지 구경했다.

요리하는 모닥불 여러 개가 활활 타고 있었다. 창코와 말괄량이 소녀는 솥에서 풍겨 나오는 냄새에 배가 고팠다.

숙모들은 말괄량이 소녀가 돌아오자 반가워했다. 모

두 두 아이에게 먹을 것을 주었다. 두 아이가 모든 숙모들에게 인사를 마치고 나니, 잔칫밥을 다 먹은 것 같았다.

"사람들이 계속해서 우리 마을에 오고 있어. 더 늦기 전에 모두 그 하얀 사람 포로를 구경해야지."

"더 늦기 전이라니요?"

"네 아버지가 용사들에게 그 사람을 죽이라고 지시하기 전에 말이야."

"하지만, 왜 죽여야 하죠?"

"우리 부족 풍습이야." 여자들이 대답했다. 포카혼타스는 그런 잔인한 풍습이 싫었다. 분명 입양하는 편이 훨씬 더 좋다고 생각했다.

그녀는 사람들과 큰 회의장에 들어가며 깊은 생각에 빠져 있었다. 아버지는 나무로 만든 기다란 벤치에 누워 있었다. 벤치는 짐승 가죽을 덮어 푹신푹신했고, 그 앞에는 모닥불이 타고 있었다.

벤치 양 끝에는 젊은 숙모들이 서 있었다. 각각 손에 깃털로 만든 부채를 들고 늙은 추장의 눈에 연기가 들

그 앞에는 모닥불이 타고 있었다.

어가지 않도록 부채질하고 있었다. 다른 여자나 소녀들은 추장 근처에 서 있을 수 없었다. 추장 주변에는 용사들이 둘러서 있었다. 그들 뒤에는 무슨 일이 벌어지는지 구경하려고 목을 길게 뺀 여자들이 서 있었다.

포카혼타스와 창코는 아무것도 볼 수가 없었다. 그들 앞에 키가 큰 사람들이 많이 서 있었기 때문이다. 출입구 덮개가 흔들리는 소리가 들리는 걸 보니, 곧 포로를 끌고 들어올 것 같았다. 포카혼타스는 몸을 구부려 어른들 사이를 비집고 앞으로 갔다.

이에 여자들이 그녀에게 인상을 찌푸렸다. 남자들은 곧 벌어질 사건 때문에 너무 흥분해서 포카혼타스가 무엇을 하는지 아무도 신경 쓰지 않았다. 그뿐 아니라 포카혼타스의 아버지가 다른 소녀들은 몰라도 포카혼타스는 무얼 하든 내버려둘 것을 알았기 때문이다.

포카혼타스는 로헌트 옆을 지나치며 그의 옷을 살짝 잡아당겼다. 그가 미소를 지었다. '로헌트는 내가 뭘 하려는지 알고 있는 것 같아.' 그녀가 생각했다.

"우우!" 사나운 전쟁 추장과 그의 용사들이 하얀 얼

굴 포로를 데리고 들어오자, 구경꾼들이 소리쳤다. 하얀 사람 중에 그렇게 인디언 마을 깊숙이 들어온 사람은 없었다.

그 사람은 키가 별로 크지 않았다. 사납거나 무섭게 생기지도 않았다. 하지만 그의 옷이나, 피부색은 그야말로 괴상했다. 특히 그의 턱 주변에 붙은 두둑한 털 무더기를 보니 놀라서 소리를 지를 뻔했다.

"자기 이름이 존 스미스라고 합니다." "다른 하얀 사람들은 그를 '캡틴'이라고 부르는데, 그가 시키는 대로 합니다." "마술이 대단합니다. 그러나 이제는 마술도 그에게 아무 소용이 없게 되었습니다." 포카혼타스가 앞줄로 가는 동안 사람들이 그렇게 말했다. 그녀의 아버지가 포로를 관찰했다. 그는 딸이 자기 벤치 옆에 온 줄도 몰랐다.

곁에 서 있던 숙모들이 포로에게 음식을 주었다. 오래 걸리지 않았다. 포로는 오는 길에 비와 눈을 맞아 옷이 축축하게 젖어 있었다. 그는 약간 몸을 떨었으나, 두 손을 모닥불 위에 내밀었다.

그는 무서워하는 기색이 없었다. 다만 호기심에 찬 눈으로 주위를 두리번거렸다. 그는 가장 화려한 사슴 가죽에 가장자리를 조개 껍데기로 두른 망토를 걸치고 있는 추장을 쳐다보았다. 자기를 무섭게 노려보고 있는 용사들도 보았다. 그리고 자기 옆에 서 있는 사람이 들고 있는 돌 몽둥이를 바라보았다.

그가 식사를 다 마치자, 포하탄이 몇 가지 질문을 했다. 포로는 대답하려고 노력했다. 몸짓으로 자기 생각을 전달했다. 그는 추장에게 바늘이 갇혀 있는 유리를 보여 주며, 손가락으로 하늘과 별을 가리켰다.

그러나 포하탄은 고개를 흔들었다. 용사들은 더는 못 기다리겠다는 듯 얼굴을 찡그렸다. 포하탄이 짧게 명령을 내렸다. 사나운 전쟁 추장이 큰 목소리로 그 명령을 반복했다.

남자들이 크고 납작한 바위 세 개를 가져왔다. 포카혼타스는 그것이 무엇인지 알았다. 전에도 다른 포로들이 그 큰 바위 앞에 무릎을 꿇는 것을 보았다. 그러면 커다란 돌 몽둥이가 포로의 머리를 내려치고, 그러면 다시는 아무 말도 할 수 없게 된다. 그런 생각을 하니 견딜 수가 없었다. 그녀는 얼른 아버지 옆으로 갔다.

"아빠!" 그녀가 소리쳤다. "아빠! 죽이지 마세요!" 그러나 용사들이 승리의 함성을 지르고 있었기 때문에 그녀의 목소리가 들리지 않았다.

아버지는 용사들이 큰 바위 두 개를 나란히 놓는 모습을 지켜보고 있었다. 세 번째 바위는 그 보다 더 크고 더 무거웠다. 그것을 다른 두 바위 위에 포개 놓았다. 포하탄은 용사들이 일을 제대로 하는지 보느라 딸이 무슨 말을 하는지 미처 들리지 않았다.

"조용히 해라. 이건 남자들이 하는 일이야." 바로 옆에 서 있던 숙모가 말했다.

"아빠!" 그녀는 아버지의 사슴 가죽 망토를 잡아당겼다. "죽이지 마세요! 내가 입양할래요!"

포하탄은 망토가 당겨지는 기색에 잠시 딸을 쳐다보았다. 딸의 크고 까만 눈에 눈물이 고여 있었다. 그녀는 아버지에게 두 손을 내밀었다. 그러나 아버지는 인상을 찌푸리고는 다시 눈길을 돌렸다.

건장한 용사 두 명이 양쪽에서 캡틴 존 스미스 팔을 잡았다. 그리고 그를 바위 쪽으로 끌어당겼다.

하얀 사람 캡틴은 아무 저항도 하지 않았다. 그는 마치 자기가 원해서 간다는 듯이 당당하게 바위로 걸어갔다. 용사들이 그를 바위로 끌어내리려고 하자, 그는 즉시 무릎을 꿇었다. 그리고 그들이 보여준 대로 자기 머리를 바위 위에 놓았다.

키가 큰 용사들은 이제 몽둥이를 잡았다. 참나무로 만든 몽둥이 끝에는 둥글고 묵직한 돌덩이가 가죽 줄에 묶여 있었다.

두 용사가 몽둥이를 치켜들었다. 그 순간 포카혼타스는 어떻게 해야 할지 생각했다. 저 무시무시한 돌덩이가 포로의 머리를 내리칠 것이다. 그녀는 이제 견딜 수가 없었다. 한 용사의 치켜든 팔 아래로 몸을 던져 커다란 바위로 갔다. 그리고 번개 같은 속도로 바위 위에 몸을 굽혀 포로의 머리를 감쌌다.

"안 돼요! 안 돼요!" 그녀가 소리쳤다. "절대로 죽이면 안 돼요! 내가 입양하겠어요."

두 용사는 놀라서 멈칫했다. 모두 다 어안이 벙벙했다. 그러자 아버지가 몸을 일으켜 꼿꼿하게 앉았다. 잘못하면 자기 딸이 다칠지도 모르는 상황이었다.

"무슨 일이냐?" 그가 물었다. "몽둥이를 치지 마라!"
두 용사가 몽둥이를 들고 있던 팔을 내렸다.

그리고 번개 같은 속도로 바위 위에

포카혼타스가 이윽고 입을 열어 말했다. "이 포로는 내 거예요." 그녀는 아버지의 엄한 눈동자를 쳐다보며 말했다. "자피 숙모가 캡티브 보이 입양한 것처럼, 이 사람은 내가 입양하겠어요."

아버지는 한동안 말없이 쳐다보았다. 그는 포카혼타

몸을 굽혀 포로의 머리를 감쌌다.

스가 얼마나 진지한지 깨달았다.

"좋아." 마침내 그가 입을 열었다. "네가 요구했으니, 그자를 살려주겠다. 그를 우리 부족에 입양한다."

5.
포카혼타스의 새 이름

"피셔 걸!" 다음 날 아침 포카혼타스가 말했다. "우리 아빠가 오늘 그 하얀 사람 캡틴을 입양하기로 했어."

"입양이 뭔데?" 두 소녀의 코 밑에 있던 창코가 물었다.

"그건 그 사람이 이제 우리 부족이 된다는 뜻이야." 포카혼타스가 설명해 주었다.

"어디 가면 구경할 수 있는지 내가 알아."

"나도 가고 싶어." 두 소녀가 출발하자 창코가 졸랐다.

"소리 내면 안 돼." 그들이 창코에게 주의를 시켰다.

세 아이는 아주 조심스럽게 회의장을 빙 둘러 뒤쪽으로 갔다. "저기 구멍이 있어." 말괄량이 소녀가 말했다. 발끝으로 서야만 구멍을 엿볼 수 있었다.

"저기 있다!" 피셔 걸이 구멍을 들여다보면서 속삭였다.

"나도 볼래." 창코가 졸랐다.

"내가 안아 줄게." 포카혼타스가 말했다. 피셔 걸도 도와주어야 했다.

창코가 들여다보자 캡틴이 보였다.

"왜 죽이지 못하게 막았어?" 창코가 말괄량이 소녀에게 물었다.

포카혼타스는 진지한 표정을 지었다. "난 사람들이 죽거나 다치는 게 싫어. 안 그래?"

"난 잘 모르겠어." 피셔 걸이 대답했다.

"난 좋아!" 창코가 소리치자, 두 소녀가 그의 입을 손으로 막았다. 창코가 작은 소리로 속삭였다. "난 몽둥이로 탁! 탁! 치는 소리가 좋아."

"하지만 그러면 사람이 다쳐. 죽기도 하고. 누가 너한테 그렇게 하면 좋겠어? 아니지?"

이번에는 창코의 표정이 심각해졌다.

"하지만 우리 원수라면……" 피셔 걸이 말했다.

"만일 다른 사람들이 우리를 원수라고 부르면, 그들도 우리 머리를 몽둥이로 내리칠 거야." 포카혼타스가 말했다. "왜 사람들이 서로 원수가 되는지 모르겠어. 하얀 사람들과 서로 원수가 되지 않기로 약속을 한다면, 그러면……" 그런 생각을 하자 포카혼타스의 얼굴이 환해졌다.

"그럼 우리가 하얀 사람 마을에 가서 구경할 수도 있어."

"와, 좋겠다!" 창코가 말했다. 이번에는 소리를 죽였다.

"저기 누가 온다." 피셔 걸이 나지막이 말했다.

포카혼타스가 고개를 뻗어 구멍을 들여다보았다. 키 큰 용사가 회의장 출입구에서 껑충껑충 뛰고 있었다. 얼굴과 몸에는 온통 빨간색과 까만색 물감을 칠했다.

머리에는 수달과 족제비 꼬리가 주렁주렁 달린 큰 머리장식을 쓰고 있었다. 얼굴은 거의 가려서 보이지 않았다. 까만색 물감 사이사이에 빨간색 물감으로 줄무늬를 그렸다. 그리고 머리장식에는 새 깃털이 양 사방으로 꽂혀 있었다.

머리장식에는 새 깃털이 양 사방으로 꽂혀 있었다.

"저기 온다." 말괄량이 소녀가 말했다. 까만색 물감을 칠한 용사들 한 무리가 회의장 안으로 걸어 들어왔다. 그리고 곧 포로 주위를 껑충거리고 돌며 춤을 추었다.

포하탄 추장이 하얀 사람에게 다가가자 잠시 조용해졌다. 그리고 평화의 담뱃대에 불을 붙여서 원으로 돌렸다.

"이제 너를 내 아들이라 부른다." 늙은 추장이 말했다. "너는 우리 부족이 된다. 너는 북과 손도끼, 구슬, 종을 만들어 내 딸 말괄량이 소녀에게 줘야 한다."

"들어 봐!" 포카혼타스가 속삭였다. "빨리 앞으로 가자. 가서 그들이 밖으로 나오는 걸 구경하자."

....

"바구니를 가져와." 캡틴 존 스미스가 말했다. 처음에는 아무 말도 할 줄 몰랐던 그가 이제 포카혼타스한테서 단어를 하나하나 배웠다. 그녀는 물건을 하나씩 가리키며 그에 맞는 단어를 말해주었다. 그러자 캡틴은 괴상한 물건을 꺼냈다. 로헌트가 말한 바로 그 물건이었다.

"종이." 그녀가 말하며 놀라서 손을 입으로 가져갔다. 로헌트가 가르쳐준 단어가 기억난 것이다.

"그래, 종이." 그가 얄팍한 종이를 한 장씩 보여주며 말했다. "책."

그리고나서 종이 위에 까만 표시를 했다.

"PO-CA-HON-TAS(포카혼타스)." 그는 그렇게 표시하며 천천히 소리를 냈다.

"종이가 말을 해요?" 그녀가 물었다. 그리고 귀를 종이에 갖다 댔다. "로헌트가 그러는데 이 종이가 말을 한대요."

"나한테는 말을 해." 그가 말했다. "그리고 네가 그 총명한 눈과 귀를 활짝 열면, 언젠가 너한테도 말을 할 거야."

서로 여러 가지 단어를 주고받은 후, 캡틴은 그것을 자기 책에 써놓고 읽었다. 마치 캡티브 보이에게 말을 가르쳐주는 것과 같았다. 그러나 이 어른 포로는 대단히 빨리 배우는 것 같았다. 말괄량이 소녀는 어쩌면 이

책 속에 마술이 있어서 그런지도 모른다고 생각했다.
 캡틴이 읽어준 것은 다음과 같았다.
 "포카혼타스에게 작은 바구니를 가져오라고 말해라. 그러면 내가 그녀에게 구슬을 주어 목걸이를 만들 수 있다."
 포카혼타스는 깔깔 웃으며 바구니를 건네주었다. 그러고 보니 캡틴은 자기가 제대로 말했다는 걸 알았다. 그는 즉시 작은 구슬을 한 줌 주었다. 정말 예쁜 구슬이었다! 그녀는 놀라서 어쩔 줄 몰랐다.
 "네게 주는 거야." 캡틴이 말했다.
 그녀는 목에 걸고 있던 줄을 풀었다. 한가운데 금색 고리와 진주 두 개가 달려 있었다. 곧 까만 눈동자의 인디언 소녀와 노란 수염의 캡틴은 웃으며 구슬을 줄에 꿰기 시작했다.
 이제 진주 양편에 구슬이 길게 달렸다. 포카혼타스는 그것을 목에 걸고 대단히 자랑스러워 했다.
 그녀는 피셔 걸과 창코에게 그것을 보여 주었다. 두 아이는 그 목걸이를 보고 감탄했다. "혹시 구슬을 더 얻으면 널 줄게." 그녀가 피셔 걸에게 말했다.

"봤지?" 그녀가 창코에게 말했다. "캡틴은 좋은 사람이야. 그러니까 우리도 그에게 잘 해줘야 돼." 창코가 고개를 끄덕거렸다.

"아빠가 그를 아들이라고 불렀으니, 나한테는 아들인지 오빠인지 모르겠네." 그녀가 반은 혼잣말로 말했다.

"가서 직접 물어보지그래?" 피셔 걸이 제안했다.

....

캡틴 스미스가 포카혼타스에게 물었다. "큰 몽둥이가 네 머리를 내려칠까 무섭지 않았니?"

"아니요." 그녀가 재빨리 대답했다. "아빠는 용사들이 내 머리를 내려치도록 절대 내버려 두지 않을 테니까요. 그리고 그 사람들은 모두 친구들이에요." 그녀가 자신 있게 대답했다.

"참 다행이로구나!" 캡틴이 말했다. "그리고 넌 내 친구야. 네가 내 목숨을 살려 줬거든."

"내가 캡틴을 입양하고 싶었어요." 말괄량이 소녀가 말했다. "자피 숙모가 캡티브 보이를 입양한 것처럼 말이에요. 하지만 아빠가 캡틴을 입양했어요. 그러니까 내 아들은 아니죠."

캡틴 스미스의 눈동자가 반짝거렸다. "네가 어른을 아들로 입양하기에는 아직 조금 어린 것 같지 않니? 난 오히려 네 아빠가 될 만큼 나이가 많은 걸."

"그런 것 같아요. 그래도 입양을 하면 좋을 것 같아요." 그녀는 캡티브 보이가 입양되었던 것과 그가 도망치도록 도와준 이야기를 해주었다. "자기 부족에게 돌아갔길 바래요."

"그래야지." 캡틴이 말했다. "그리고 나도 내 부족에게 돌아가고 싶어. 며칠 후면 틀림없이 네 아버지가 나를 우리 마을로 돌려보낼 거야. 거기 가면 좋은 물건이 있거든. 어쩌면 옥수수와 그 물건을 바꿀 것 같아."

"아, 사람들이 캡틴 마을에 갈 때, 나도 가고 싶어요." 말괄량이 소녀가 말했다.

"같이 가자." 캡틴 스미스가 말했다. "그러면 우린 서로 원수가 아니라 친구가 될 거야."

"그럼 캡틴을 내 아들이라고 해도 돼요?" 그녀가

물었다.

　캡틴 스미스가 웃음을 터트렸다. "그렇게 말하면 내 친구들이 무슨 말인지 못 알아들을 거야. 차라리 우리 마을에 가서는 나를 네 아빠라고 부르면 어떻겠니? 너희 부족은 나이 든 남자들을 모두 아버지라고 부르는 것 같던데."

　"하얀 사람 아빠." 포카혼타스가 말했다. "좋아요. 그럼 우린 항상 가족이 되는 거예요. 얼굴은 비록 하얗지만."

　"그래. 네 말이 맞아." 캡틴이 말했다. "내가 살아 있는 한 네 은혜를 절대 잊지 않을게. 그럼 너한테도 새 이름을 지어 줘야겠다. 너를 넌퍼렐이라고 부를게. 우리 말로 하면 '비교할 데가 없다'는 뜻이야. 다시 말해서 너처럼 마음씨 곱고 사려가 깊은 아이를 본 적이 없다는 뜻이지."

　"넌퍼렐." 포카혼타스가 불러 보았다. "좋은 이름이에요. 내가 태어날 때 이름이 있는데, 아무도 말하면 안 되는 비밀 이름이에요. 그리고 아빠는 날 포카혼타스

(말괄량이 소녀)라고 불렀어요. 이제 이름이 또 하나 생겼네요. 넌퍼렐!"

....

"부르르!" 로헌트가 덜덜 떨며 말했다. "정말 춥다!"

"이렇게 추운 겨울은 처음이야." 티모 숙모가 말했다. "지금까지 이렇게 추운 적이 없었어."

"하얀 사람들이 마을에서 고생이에요." 로헌트가 말했다. 포카혼타스는 듣고 있었다.

로헌트는 방금 하얀 마을에서 돌아왔다. 포하탄은 캡틴이 다시 자기 마을에 돌아가도록 허락했다. 캡틴이 돌아갈 때 용사 열두 명이 따라갔다. 그리고 돌아올 때 대포 두 대와 옥수수 가는 맷돌을 가져오기로 했다.

"하지만 그건 너무 무거웠어." 로헌트가 말했다. "대포 한 대를 우리 열두 명이 들어도 꿈쩍도 안 했으니까. 처음에는 무슨 속임수나 마술인 줄 알았어. 그리고 캡틴에게 대포가 진짜로 힘이 있는지 물었어.

캡틴이 대포를 쏘자 어찌나 무시무시한 소리가 났던지 우리 모두 놀라서 소리를 질렀지. 대포 구멍에서 큰 대포알이 나와서 숲으로 날아가자, 나무들이 흔들리면서 쓰러졌어. 정말 엄청났어."

"그래서 못 가져왔어요?" 난타카가 물었다.

"대포도, 커다란 맷돌도 못 가져왔어. 하지만 다른 선물을 받았어. 그중에는 네 선물도 있어 포카혼타스."

로헌트는 주머니에서 구슬을 꺼냈다. 그리고 머리장식을 만들 빨간 헝겊도 꺼냈다.

"정말 엄청났어."

포카혼타스가 바짝 다가갔다. 로헌트는 그녀의 손에 작은 거울을 쥐어 주었다. 거울 속에는 호기심 어린 소녀가 보였다. 마지막으로 그는 작은 종들이 여러 개 달린 줄을 꺼냈다. 포카혼타스가 그것을 흔들자 찰랑찰랑 유쾌한 소리가 났다.

포카혼타스는 몹시 기분이 좋았다. 창코가 옆에서 따라다니며 그 거울을 들여다보았다. 창코에게 종을 주고 흔들어 보라고 했다.

"그 이상한 사람은 좋은 사람인 것 같아." 네 살치고는 제법 의젓하게 보이는 창코가 말했다. "누나 말대로 나도 그에게 항상 잘해줄 테야."

"우리가 하얀 마을에 갔던 날." 선물을 다 나누어준 뒤 흥분이 가라앉자, 로헌트가 말을 이었다. "하얀 날개를 단 그 커다란 카누들이 또 나타났어. 그걸 배라고 불렀어."

"아직도 거기 있어요?" 창코가 물었다. "가서 보고 싶어요."

....

갑자기 포카혼타스에게 생각이 떠올랐다. "옥수수가 더 필요할 거야. 우리가 옥수수를 가지고 가는 게 좋겠어."

다른 소녀들도 찬성했다. "우리 모두 같이 가자." 모두들 그 이상한 마을과 괴상한 카누가 보고 싶어 안달이 났다.

"캡틴이 나한테 약속했어." 포카혼타스가 말했다. "내가 마을에 갈 때마다 캡틴 이름을 대고, 그가 내 하얀 사람 아빠라고 말하면, 아무도 나를 해치지 않는다고 했어."

"아! 말괄량이 소녀가 겁이 없구나." 티모 숙모가 말했다.

"물론이죠. 아빠보다 내가 먼저 그를 입양한 걸요." 포카혼타스가 말했다.

나이 든 여자들이 살짝 웃었지만, 아니라고 하지는 않았다.

이틀 후 포카혼타스와 소녀들은 각각 옥수수 바구니를 들고 출발했다. 추운 겨울 숲을 지나서 하얀 마을을 향해 갔다.

용사들은 그 마을이 제임스타운이라고 말했다. 하얀 사람들이 소금물 너머 멀리 사는 그들의 왕의 이름을 따서 붙인 이름이라고 했다. 하얀 사람들은 스스로 영국인이라고 불렀다.

소녀들은 한참 만에 하얀 사람들이 사는 마을에 도착했다. 멀찌감치 바닷가에는 로헌트가 말했던 큰 배들이 보였다.

그러나 그들은 배나 마을 근처에는 갈 엄두를 못 냈다. 어린나무를 잘라 마을을 빙 둘러 담장을 쳐놓아 마을 안은 보이지 않았다.

"쏘는 막대기로 우리를 겨누고 있는 게 틀림없어." 한 소녀가 말했다.

"저것 봐, 그 막대기가 햇빛에 반짝거린다!" 피셔 걸이 소리쳤다.

그들은 무서워서 몸이 떨렸다. 마치 그 총에서 총알이 자기들에게 날아오는 것 같았다.

"겁내지 마." 포카혼타스가 힘을 북돋았다. "우리가

친구란 걸 알 거야."

하지만 그들은 여전히 마을도, 총도 무서웠다. 그래서 포카혼타스가 혼자서 담장 쪽으로 걸어갔다. 담장에 거의 다다르자, 그녀가 소리쳤다. "캡틴 스미스! 캡틴

"제임스타운 사람들이 좋아하겠구나." 그가 말했다.

스미스!" 그녀는 온 힘을 다해 소리쳤다. "친구가 왔어요. 말괄량이 소녀 포카혼타스예요. 나를 넌퍼렐이라고 하셨잖아요!"

잠시 후 담장 문이 안으로 열렸다. 한 남자가 총을 든 채 밖을 내다보니, 거기에는 아이가 혼자 서 있었다. 그는 아무 말 없이 쳐다보고 있었다.

"들여 보내시오!" 뒤에서 한목소리가 들렸다. 그러더니 캡틴 스미스가 담장 문에서 나왔다. 그는 먼저 포카혼타스에게, 그리고 나머지 소녀들에게 손을 흔들었다. "들어오너라!"

말괄량이 소녀가 얼른 그에게 달려갔다. "아빠, 옥수수를 가져왔어요." 그녀가 말했다.

소녀들이 들고온 바구니에는 옥수수가 가득 담겨 있었다. 그는 함박웃음을 지었다.

"제임스타운 사람들이 좋아하겠구나." 그가 말했다. "넌 정말 친절하고 너그러운 말괄량이 소녀야. 넌 틀림없이 넌퍼렐이야! 너와 비길만한 아이는 없을 거야!"

6.
제임스타운 방문

며칠 후 제임스타운에 큰불이 났다. 인디언들은 이제 그 마을이 파괴되었다고 생각했다. 많은 집들이 완전히 재가 되었다. 어떤 집은 벽만 남아 있었다.

포하탄의 용사들은 그 소식을 듣고 좋아했다. 그들은 외부에서 온 영국인들을 싫어했다. 인디언들은 겉으로는 그들을 좋아하는 척했지만, 속으로는 그들을 새로운 원수로 여겼다. 그리고 어떻게든 싸워서 없애버릴 기회를 기다리고 있었다.

"지금이 절호의 기회야." 용사들이 서로서로 말했다.

"지금 가서 급습하면, 그들을 모두 없애버릴 수 있어."

그래서 용사들 대부대가 하얀 사람들 마을을 향해서 강을 타고 내려갔다. 각각 칠면조나 다른 음식을 가져갔다. 그 음식을 칼과 쏘는 막대기와 바꾸기 위해서였다. 하얀 사람들이 너무 배가 고파 기꺼이 그렇게 해줄 것으로 생각했다.

그러나 그것은 오해였다. 영국인들은 총이나 칼이 없으면 안전하지 않다는 사실을 잘 알았다. 그리고 인디언들이 하는 말을 믿지 않았다. 용사들은 가져왔던 고기를 도로 가져가야 했다. 하얀 사람들은 배고픈 표정으로 그들의 뒷모습을 바라보았다.

하지만 인디언들 나름의 성과가 있었다. 그 예리한 관찰력으로 무엇이 타버렸는지, 어느 지점을 공격하면 용이한지를 포착했다. 그래서 그날 밤에 마을을 공격하기로 했다.

용이한지: 쉬운지

짧은 접전이 일어났다.

가보니 놀랍게도 하얀 사람들이 대비하고 있었다. 짧은 접전이 일어났다. 쏘는 막대에서 총성이 울리자, 검은 피부의 용사들은 허겁지겁 숲 속으로 달아났다. 세 명이 실종되었다. 하얀 사람들에게 잡힌 것이다. 인디언들은 용사 몇 명을 영국인 보초병에게 보내 포로들을 돌려달라고 요구했다.

"가서 추장에게 먼저 음식을 보내라고 전해라." 보초병이 말했다.

캡틴 스미스가 보초병 있는 곳으로 나왔다. "추장에게 가서 만일 우리와 전쟁하지 않고 평화를 원한다면, 그의 딸을 우리 마을에 보내라고 해라."

그래서 포카혼타스는 또다시 선물을 가지고 마을로 갔다. 캡틴이 따뜻하게 맞아 주었다.

용사들은 포로를 데려가기 원했지만, 캡틴 스미스가 이렇게 말했다. "다른 사람에게는 안 된다. 포카혼타스를 통해서만 포로를 주겠다."

그리고 그녀에게 말했다. "이 포로들을 네 아버지에

실종: 사람을 잃어버려 어디 있는지 모름

게 데리고 가서 이렇게 전해 드려라. 우리가 포로들을 돌려주는 이유는 그가 추장이어서도 아니고, 인디언 용사들이 많아서도 아니다. 우리가 포로들을 돌려주는 이유는 오직 추장의 딸이 우리와 친구임을 믿기 때문이다."

포카혼타스는 포로 세 명을 뒤에 이끌고 의기양양하게 집으로 걸어갔다.

나머지 추운 겨울 동안, 그리고 이듬해 봄이 되어 푸른 싹이 나는 동안, 포카혼타스와 친구들은 제임스타운 사람들을 위해서 종종 음식을 갖다 주었다.

때때로 그녀는 제임스타운에 갔다가 금방 돌아가는 대신, 강가의 하얀 모래사장에서 놀았다. 창코와 다른 친구들도 함께 놀았다. 그들은 등 짚고 뛰어넘기나 술래잡기를 하고 놀다가, 다시 먼 길을 걸어 집으로 돌아갔다.

이제 뉴포트 선장이 큰 배를 타고 소금물을 건너왔다. 그는 제임스타운에서 살도록 하얀 사람들을 많이 싣고 왔다. 그들 중에는 포카혼타스보다 한두 살 많은 소년도 한 명 있었다.

"이 소년을 네 아버지 마을에 데리고 갈 거야." 캡틴 스미스가 포카혼타스에게 말했다. "그러면 네가 이 소년에게 너희 말을 가르쳐 줘."

포카혼타스가 고개를 끄덕했다. "그리고 이 소년이 나한테 당신 말을 가르쳐 주고요."

"넌 이미 우리말을 썩 잘해." 하얀 사람 아버지가 말했다. "넌 너희 부족 중에서 영국말을 제일 처음으로 배운 사람이야. 이다음에 너희 부족이 널 자랑스럽게 생각할 거야. 넌 두 가지 장점이 있어. 영리한 머리와 착한 마음."

말괄량이 소녀는 뿌듯해서 마음이 부풀어 올랐다. 그리고 그 소년, 토마스 세비지가 인디언 말을 배울 수 있도록 최선을 다했다.

....

"캡틴 스미스가 그러는데 뉴포트 선장은 위대한 추장이래." 티모 숙모가 말했다. "하지만 내가 보기엔 캡틴 스미스가 훨씬 더 영리한 것 같아."

"맞아요." 로헌트가 말했다. "두 사람이 우리 마을에 왔을 때 뉴포트 선장은 무역하려고 가져온 물건을 모두 펼쳐 놨어요. 그러자 우리 추장은 그에게 겨우 옥수수 두세 바구니밖에 안 주었죠. 그렇게 많은 물건을 주고 얼마 안 되는 옥수수를 받아갔으니 어리석어요."

"그때 여자들이 모두 웃었어." 티모 숙모가 말했다. "포하탄이 얼마나 보기 좋게 그를 속아 넘겼던지 말이야. 모두 웃음을 참을 수가 없었어."

"하지만 캡틴 스미스는 속아 넘길 수가 없어요." 로헌트가 계속 말했다. "그는 자기가 가져온 파란 구슬이 얼마나 좋은 것인지 말했어요. 그래서 자기가 원하는 만큼 옥수수를 받아 갔어요. 아마 이번에는 우리 여자들이 속아 넘어간 것 같아요."

"우리가 그렇게 쉽게 속아 넘어가는 줄 알아?" 티모 숙모가 말했다. 그리고는 입술을 꼭 다물고 한마디도 더 하지 않았다.

포카혼타스는 티모 숙모가 무슨 말을 하는지 잘 알았다. 숙모들 중 여러 명이 노란 머리의 캡틴 스미스를 좋아했다. 소녀들이 제임스타운에 음식을 가지고 갈 때면 숙모들이 항상 뭘 더 가져가라고 얹어 주었다.

이제 토마스 세비지가 마을에서 살고부터는 모두 다 하얀 사람들에게 호기심이 생겼다. 그들은 토마스가 나올 때마다 그 옆에 옹기종기 모여들었다. 토마스는 대부분 포카혼타스와 함께 있었다. 그녀는 쉬지 않고 말을 가르쳐 주었다.

토마스 세비지와 포카혼타스는 친한 친구가 되었다. 그녀는 그 소년에게 숲 속에 무엇이 새로 자라는지 모두 보여주었다. 때때로 둘은 로헌트를 도와 까마귀를 쫓았다. 무척 재미있는 일이었다.

제임스타운의 남자들은 인디언 여자들처럼 땅을 파고 씨를 심기 시작했다. "나뭇잎이 떨어지는 때가 되면, 이제 그들에게도 먹을 음식이 나올 거야." 말괄량이 소녀가 말했다.

그러나 배를 타고 새로 온 남자들은 그런 일을 하려고 하지 않았다. 그들은 흙색깔이 밝게 빛나는 작은 언덕을 발견했다. 포카혼타스가 목에 건 고리 같은 색깔이었다. 그리고 날이면 날마다, 온종일, 흙을 엄청나게 많이 파서, 그것을 배로 날랐다.

"그 흙으로 도대체 뭘 하려고?" 포카혼타스가 토마스에게 물었다.

"그게 금이 된다고 했어. 네 목에 건 고리 같은."

"금." 포카혼타스가 따라 했다. "고리." 그리고 노란

날이면 날마다, 온종일, 흙을 엄청나게 많이 파서, 그것을 배로 날랐다.

고리를 손으로 만졌다. "하지만 이건 단단해. 그 흙은 그냥 흙이잖아."

"그 흙을 단단하게 만들 수 있을 거래." 토마스가 말했다. "그러면 돈을 벌 수 있어."

"돈?" 이것도 말괄량이 소녀에게 새로운 단어였다. 토마스 세비지는 돈을 뭐라고 설명해야 할지 몰랐다. "그걸 가지고 자기가 먹고 싶은 거나 입고 싶은 것, 아니면 뭐든지 다른 물건으로 바꿀 수 있어."

"하지만 뭣 때문에 그렇게 중요한 것들을 겨우 단단하고 노란 흙과 바꿔준단 말이야?"

"아, 그 흙을 또 다른 것과 바꾸는 거야."

"아, 그렇구나!" 포카혼타스가 말했다.

"이것도 돈이야?" 그녀는 자기 목에 달린 고리를 가리켰다.

"아니. 그건 손가락이나 목에 다는 거야. 물건과 바꾸는 게 아니고."

"내 손가락에는 너무 커." 그녀가 말했다. 제일 굵은 손가락에 끼워도 흘러내렸다.

"어른 여자가 끼는 거야." 토마스가 말했다. "결혼반지라고 불러."

"결혼?" 이것도 새 단어였다. 그녀는 조심조심 그 단어를 발음했다.

"난 결혼식을 본 적 있어." 토마스가 계속 말했다. "교회에서."

"교회? 아, 난 그게 뭔지 알아. 하얀 사람들 마을에 가서 봤어." 말괄량이 소녀가 말했다.

"영국에 가면 교회가 아주 큰 건물 안에 있어." 토마스가 설명했다. "하지만 여기 교회에서도 하는 일은 똑같아. 결혼식 할 때면 남자와 여자가 함께 서서 그 책을 읽어주는 걸 듣고 있어. 그리고 남자가 결혼반지를 여자 손가락에 끼워 줘. 그러면 둘이 결혼한 거야."

"나도 한 번 봤으면······." 포카혼타스가 말했다.

··········

뜨거운 여름이 되기 전에 뉴포트 선장은 배를 타고 떠났다. 배에는 노란 흙이 잔뜩 실려 있었다.

그 책: 성경책

"하하하!" 인디언들이 웃음을 터트렸다. "저런 미련한 사람들! 흙을 파느라 그렇게 힘들게 일을 하다니! 옥수수도, 호박도 키울 수 없는 흙을 말이야!"

캡틴 스미스도 그해 여름에 배를 타고 갔다. 뉴포트 선장처럼 멀리 간 건 아니다. 대신 그는 체사픽이라고 부르는 만을 따라 여행했다.

그 주위에는 여러 인디언 부족들이 살고 있었다. 캡틴 스미스는 가는 곳마다 인디언들과 평화협정을 맺었다. 그리고 인디언 마을 너머에 무엇이 있는지 배웠다.

인디언들은 그가 서쪽으로 가는 길을 찾고 있음을 깨달았다. 탐험가들은 모두 아메리카를 서쪽으로 횡단해서 중국과 인도로 가기 원했다. 그곳에는 보물이 많이 있다고 들었기 때문이다.

여름 내내 캡틴 스미스는 체사픽 만을 오르락내리락 했다. 그러나 중국으로 가는 길은 발견하지 못했다.

포카혼타스는 캡틴 스미스가 제임스타운으로 돌아오자 기뻤다. 그가 없을 때는 제임스타운에 가도 별 재미

횡단: 강이나 대륙을 가로로 질러 가는 것

가 없었기 때문이다.

곧 새로운 소식이 들려왔다. 뉴포트 선장이 큰 배를 타고 큰 물을 건너 다시 돌아왔다.

"그 금가루는 쓸모없는 흙이었어." 로헌트가 포카혼타스에게 말했다. "그들은 흙을 불에 끓여 여러 가지 단단한 것들을 만드는데, 이 흙은 조금도 단단해지지 않았어. 하하! 그래서 그걸 다 버렸대!

하지만 뉴포트 선장이 영국 왕에게 우리 추장이 얼마나 위대한 사람인지 얘기했대. 그래서 추장에게 주는 선물을 배에 많이 싣고 왔대. 추장이 제임스타운에 와서 가져가기를 원한대."

"흥!" 티모 숙모가 말했다. "자기들이 이리로 가져오라고 해. 추장은 안 가실 테니까."

며칠 후 캡틴 스미스와 네 사람이 작은 배를 타고 왔다. 추장을 제임스타운에 초대하기 위해서였다.

포하탄과 그의 사냥꾼들은 숲에 가고 없었다. "며칠 지나면 돌아오실 겁니다." 로헌트가 하얀 사람들에게 말했다.

그래서 그들은 모닥불 옆에서 기다리기로 했다.

"두렵지 않습니까?" 한 사람이 스미스에게 물었다.

스미스는 고개를 흔들었다. "포하탄은 잔인하기도 해요. 하지만 그가 귀여워하는 딸 포카혼타스는 믿을 수 있어요. 언젠가 내 생명을 구해줬거든요."

"아, 그럼 공주로군요." 얼마 전 뉴포트 선장의 배를 타고 온 사람이 말했다.

"인디언 부족은 공주가 뭔지 몰라요." 스미스가 말했다.

"하지만 그녀의 아버지가 왕이지 않습니까? 우리 국왕이 왕관을 선물로 보내지 않았습니까?"

"추장은 숲에 사는 인디언들에게 왕 비슷한 거지요." 캡틴 스미스가 말했다. "하지만 우리 영국 사람들이 제임스 왕에게 복종하는 것과는 달라요. 이 사람들은 왕에게 복종하지 않아요. 비록 포하탄을 추장이라 부르고, 그 동생을 전쟁 추장이라고 부르긴 하지만, 인디언들은 자기들이 원할 때만 복종을 해요. 자기 부족의 풍습에 맞는다고 생각할 때만 복종하지요."

"그렇다면 그들은 왕이 어떤 존재인지도 모르는군요." 또 다른 사람이 말했다.

"그렇다면 우리가 가르쳐 줘야겠어요." 또 다른 사람이 말했다.

그렇게 그들이 캄캄한 어둠 속에서 모닥불 옆에 앉아 있을 때, 우렁찬 함성이 숲 속에서 울려 퍼졌다. 그들은 인디언들이 자기들을 죽이러 왔나 싶어 겁이 나기 시작했다. 그러나 숲에서 나온 사람들은 여자와 노인들이었고, 조금도 사납게 보이지 않았다. 다만 무슨 일이 벌어지는지 기다리는 것 같았다. 영국 사람들은 칼을 뺐다.

그때 포카혼타스가 캡틴 스미스에게 달려왔다. "위험하지 않아요!" 그녀가 말했다. "당신은 내 영국인 아버지 아닌가요? 만일 우리 부족이 당신을 해친다면, 그 칼로 나를 죽여도 좋아요."

"맞아요! 맞아요!" 다른 인디언들도 외쳤다. "우리는 소녀들이 춤추는 걸 기다리는 것뿐이에요. 당신들을 해치지 않아요."

"그렇다면 걱정할 것 없습니다." 캡틴 스미스가 나머

지 사람들에게 조용히 말했다. "이 소녀는 나한테 항상 친절하게 해주었고, 아무런 해를 끼친 적이 없어요."

"남자들은 다시 모닥불 옆에 앉았다. 포카혼타스는 다시 숲에 들어갔다.

곧 포카혼타스와 그 뒤를 이어 소녀들 서른 명이 숲

영국사람들은 그 모습에 어안이 벙벙했다.

에서 나왔다. 포카혼타스는 제임스타운에 옥수수 바구니를 들고 왔던 모습과는 딴판이었다. 지금은 활과 화살을 들고 있었다. 땋은 머리채에는 사슴뿔 두 개가 꽂혀 있었다. 수달 가죽을 허리에 두르고, 또 하나는 어깨에 둘렀다.

나머지 소녀들도 모두 같은 차림이었다. 얼굴과 몸에는 빨강, 검정 물감을 칠했다. 그들이 춤을 추자 모닥불빛에 으스스한 그림자가 생겼다.

그들은 큰 소리를 내며 춤을 추었다. 마치 숲 속의 짐승처럼 날렵하고도 우아했다. 영국사람들은 그 모습에 어안이 벙벙했다.

소녀들은 한 시간 남짓 춤추며 노래를 불렀다. 마지막에는 불붙은 소나무 횃불을 마구 흔들었는데, 불빛에 그들의 얼굴과 몸이 음산하게 비추었다.

"정말 괴상한 광경이야!" 영국인들이 말했다.

"우리 부족의 풍습이에요." 포카혼타스가 말했다. "조금 지나면 우리 마을 사람들 앞에서 춤출 거예요. 당신 나라의 소녀들은 이렇게 춤추지 않나요?"

캡틴 스미스가 미소를 지었다. "내 평생 춤추는 건 많이 봤지만, 이런 춤은 처음이야."

"당신 나라의 소녀들이 춤추는 걸 보고 싶어요." 말괄량이 소녀가 말했다.

7.
떠나는 캡틴 스미스

 뉴포트 선장이 포하탄 머리에 씌워 주려고 동으로 만든 왕관을 가져왔다. 나뭇잎이 빨갛고 노랗게 물들 때였다. 포하탄은 선물을 받았지만 마음은 조금도 움직이지 않았다. 오히려 그는 백인들이 자기를 무서워하기 때문에 선물을 바치는 것이라고 생각했다.

날씨가 추워졌다. 그때 어떤 소식이 들려왔고, 말괄량이 소녀는 다시 한 번 영국인 마을에 가기로 했다.

토마스 세비지가 영국인 마을에 다녀왔는데, 돌아와

서는 이렇게 말했다. "네가 목에 달고 다니던 고리에 대해서 내가 해준 얘기 생각나?"

포카혼타스가 끄덕였다. "결혼할 때 쓰는 거라고 했잖아."

"제임스타운에서 결혼식이 있어. 앤이 결혼할 거야. 뉴포트 선장 배를 타고 온 여자야. 네가 마을에 있다면 결혼식을 볼 수 있을 텐데."

'그럼. 난 볼 수 있어.' 포카혼타스는 결혼식을 보러 가기로 마음 먹었지만, 말은 하지 않았다.

아무도 모르게 갈 것이다. 아버지는 더 이상 그녀가 영국인 마을에 가는 걸 좋아하지 않았다. "모두 굶어죽게 내버려 둬." 그가 말했다. 그럴 때면 쭈글쭈글한 이마가 무섭게 찡그려졌다.

어쩌면 단짝 친구 피셔 걸도 가고 싶을지 모른다. 그들은 해가 뜨기 전에 떠나기로 했다. 그러면 아무한테도 들키지 않을 것이다.

두 소녀가 강을 따라 가다 보니, 누군가 카누에서 웅크리고 앉아 그들을 기다리고 있었다. 창코였다. 그도 따라 가고 싶었던 것이다.

"어머나, 창코! 우린 빨리 걸어야 하는데, 네가 어떻게 따라오겠니?" 피셔 걸이 말했다.

창코의 입술이 씰룩거렸다. 금세라도 울음이 터질 것 같았다.

"가고 싶어." 그가 계속해서 말했다.

"데리고 가자." 포카혼타스가 말했다.

"뭐라고? 그럼 우리가 계속 업고 가야 하잖아!" 그들은 멀고 먼 여행길에 올랐다. 창코는 두 소녀 바로 뒤에서 졸래졸래 따라왔다.

해가 높이 오르자 그들을 부르는 목소리가 들렸다. 처음에는 놀라서 움찔했다. 그러나 곧 친근한 목소리임을 깨달았다.

"우리 오빠 브레이브 선이야." 말괄량이 소녀가 말했다. 아니나 다를까 금세 오빠가 나타났다.

"너희들 뭣 하는 거니?" 그는 놀란 척하며, 또 화 내는 척도 했다. "게다가 이 어린 남자까지!"

그는 몹시 엄한 얼굴로 창코를 내려다 보았다. 창코

는 브레이브 선이 장난한다는 걸 알고, 씨익 미소만 지어 보였다.

"제임스타운에 가는 거야." 피셔 걸이 말했다.

"결혼식 보러." 포카혼타스가 덧붙였다.

"그래? 사실 나도 거기 가는 거야. 아버지께는 아무 말도 안 했어." 오빠가 말했다.

소녀들은 바닥을 쳐다 보았다. 그러다가 오빠가 웃자 그들은 더 이상 웃음을 감출 수가 없었다. 모두 같이 가는 거다.

"언젠가 우리도 말을 갖게 될 거야." 오빠가 말했다. "뉴포트 선장이 제임스타운에 가져온 그런 말을."

"말이 생기면 나도 타도 돼?" 창코가 물었다.

"아마 그렇겠지." 난타카가 말했다. "하지만 그때까지는 나를 말로 사용하는 게 좋겠어."

그가 무릎을 꿇자 어린 소년이 두 팔로 형의 목을 둘렀다. "꼭 잡아. 이제부터 신 나게 말 태워 줄 테니." 창코는 신이 났고, 일행은 이제 더 빨리 갈 수 있었다.

그들이 제임스타운에 도착했을 때는 제법 지쳐 있었

다. 그러나 결혼식 시간에 맞춰 와서 다행이었다. 사람들 모두 그 작은 교회로 들어갔다.

한쪽 끝에는 목사가 검은색 긴 가운을 입고 서 있었다. 손에는 책을 들었다. 앤 버라스와 존 레이든이 설교자를 마주 보고 서 있었다.

"봐!" 피셔 걸이 속삭였다. "저 여자는 얼굴에 옷을 뒤집어썼어!"

"아마 면사포라고 하는 걸 거야." 말괄량이 소녀가 소곤거리며 대답했다. "토마스가 얘기해 줬어. 정말 예쁘다, 그지?"

그러자 교회 안에 있던 사람들 모두 잠잠해졌고, 목사가 책을 읽었다. 존 레이든이 작은 금반지를 집어 앤의 손가락에 끼워 주었다. 그 모습에 포카혼타스는 가슴이 두근거렸다. 자신의 노란 고리가 생각났다. 소녀들이 춤추던 날 밤 그것을 잃어버렸다. 이후 여러 번 가서 찾아봤지만 찾을 수가 없었다.

이제 결혼식이 끝나자, 모두 앤 주변에 모여들었다. 이제 그녀를 "레이든 부인"이라고 불렀다.

"저렇게 해서 새 이름을 또 얻는구나." 포카혼타스가 혼자서 말했다. "하지만 나는 이름이 더 많아."

"이제 최대한 빨리 돌아가야 돼." 사람들이 하나둘 떠나기 시작하자 난타카가 말했다. "네가 여기 왔었다는 걸 아시면 아버지가 대단히 화내실 거야."

"아, 하지만 난 여기 또 오고 싶어!" 말괄량이 소녀가 말했다. "이 사람들은 옥수수와 음식이 더 필요해."

"포카혼타스, 잘 들어." 오빠가 말을 꺼냈다. 보통 때는 그렇게 심각한 어조로 말하지 않았다. 이제 오빠는

그러자 교회 안에 있던 사람들 모두 잠잠해졌고, 목사가 책을 읽었다.

거의 화가 난 것 같았다. "아버지는 하얀 사람들에게 옥수수 알갱이 하나도 주면 안 된다고 하셨어. 만일 누구든지 주는 사람이 있으면 죽이겠다고 하셨어.

너랑 피셔 걸이 여기 왔었다는 걸 아시면 화내실 거야. 가서 하루나 이틀 동안은 절대 아버지 앞에 나타나선 안 돼."

포카혼타스는 이제 정신이 번쩍 들었다.

"만일 네가 여기 한 번 더 오면, 아버지가 심하게 벌을 주실 거야."

포카혼타스는 슬픈 표정으로 끄덕이며 앞으로 오빠 말대로 하겠노라고 했다.

추운 날씨가 계속 되었다. 포카혼타스는 계속 제임스타운 사람들이 생각났다. 지금은 레이든 부인이 된 앤이 배고프지 않을까 궁금했다. 무엇보다도 캡틴 스미스가 궁금했다. 넌퍼렐이라고 불렀던 그 소녀가 다시 한 번 음식 바구니를 가지고 오기를 바라지 않을까?

··········

아직 겨울 추위가 가시기 전 티모 숙모가 포카혼타스

에게 말했다. "아버지가 널 부르신다."

포카혼타스는 아버지에게 갔다. 아버지는 인상을 찌푸렸다.

"숲 속 길로 하얀 사람들 마을에 갈 수 있겠니?" 그가 물었다.

"그럼요, 아빠." 포카혼타스는 어리둥절했다 '벌써 여러 번 갔었는데, 왜 이제 와서 그걸 물으실까?'

"가서 캡틴 스미스에게 내 말을 전해라."

"네, 아빠."

"그가 음식이 필요하다는 걸 내가 안다. 캡틴 스미스는 우리에게 사람들을 보내서 내 집을 지어줘야 한다. 칼과 대포를 배에 실어 강을 타고 올라와야 한다. 그러면 내가 옥수수를 주겠다."

"당장 갈게요." 포카혼타스가 말했다.

가는 길에 배고픈 영국인들에게 음식을 가져가란 말은 없었다. 그래서 그녀는 빈손으로 갔다. 만일 캡틴 스미스가 오면 아버지가 그를 해치지 않을까 걱정이 되었다.

그녀는 마을에 도착하자 캡틴 스미스를 만났다. 그리고 땅바닥을 내려다보며 아버지의 말을 그대로 전했다. 그는 뚫어지라 쳐다보기만 하고 아무 말이 없었다. 그 역시 그녀의 아버지가 자기를 해치려 한다고 느꼈다.

"네 아버지 집을 지어드릴 사람 두 명이 너와 함께 육지로 걸어서 간다." 그가 말했다. "나는 당장 배를 타고 가겠다. 하지만 더 오래 걸릴 거야."

추운 겨울날이 여러 번 지나고 나서야, 인디언들은 얼음 언 강에 배가 나타난 모습을 보았다. 그 영국인들은 오는 길에 다른 인디언 마을에 들러서 무역을 하고 와야 했다.

"포하탄을 조심하시오." 강가에서 무역을 했던 인디언들이 스미스에게 말했다. "벌써 용사들을 소집해서 당신을 죽이려고 준비하고 있어요."

캡틴 스미스는 그들 말이 사실이라는 것을 알았다. 하지만 가지 않고는 달리 방법이 없었다.

그는 포하탄을 마치 평화적인 사람처럼 대하는 수밖

에 없었다. 배고픈 영국인들을 살리기 위해서 어떻게든 무역을 하고 음식을 사야 한다.

그리고 한시도 마음을 놓아서는 안 된다. 언제 어떤 행동을 할지 모르는 이 인디언들을 대하려면 용감하고도 지혜로와야 한다. 그들은 친절했다가도, 순식간에 잔인하게 돌변한다.

몇 주가 지나서야 스미스의 배가 강을 따라 포하탄 마을이 보이는 지점까지 왔다. 그렇지만 물이 아직 얕아서 강둑까지 바짝 들어올 수는 없었다.

늙은 추장과 그의 용사들은 계획을 짜 놓았다. 전쟁 용사들이 근방에 모두 숨어 있다가 영국인을 공격할 준비를 했다.

"아버지는 이 사람들을 해치려고 해요." 포카혼타스가 티모 숙모에게 말했다. "전쟁 준비를 하는 거 알아요." 티모 숙모는 슬픈 표정으로 고개를 저었다.

"도와줄 방법이 없을까요?" 포카혼타스가 로헌트에게 물었다.

"손 쓸 방법이 없는 것 같구나." 그가 대답했다.

포카혼타스가 난타카에게 갔으나, 오빠도 아무런 대책이 없었다. "네가 무슨 짓이라도 하면, 아버지가 가만 안 두실 거야."

오빠가 얼마나 심각하게 말했던지, 포카혼타스는 무서워서 몸이 떨렸다. 그녀는 창코에게 말했다.

"창코." 그녀의 표정이 진지했다. "이 사람들은 늘 나한테 잘해 주었어. 마치 나를 그들이 부르는 공주처럼 대해 주었어. 캡틴 스미스는 나한테 아빠 같이 해주었어. 우리 아빠는 용사들에게 몽둥이로 나를 죽이라고 시킬 수도 있겠지만, 캡틴 스미스는 절대로 그렇게 하지 않을 거야.

난 무슨 일이 있어도 그 사람들을 해치게 두고 싶지 않아. 어쨌든 난 이 전쟁과 죽이는 것 자체가 싫어. 너, 나한테 약속할래? 캡틴 스미스와 그 사람들에게 항상 친절을 베풀겠다고."

창코는 아직 어렸으나, 포카혼타스가 무슨 말을 하는지 알아들었다. "약속해." 그가 말했다. 그는 가슴에 손을 얹고 자기가 한 약속을 지킨다는 표시를 했다.

"내가 한 말을 아무한테도 말하지 마." 그녀가 계속 말했다. "그리고 마을을 돌아다닐 때 뭘 보고 들었는지 나한테 얘기해 줘."

....

드디어 밀물이 들어오자 캡틴 스미스의 배가 얼어붙은 강둑까지 와서 댔다. 날씨는 혹독하게 추웠다.

포하탄 부족 사람들 중 아무도 그들을 맞이하러 나오지 않았다. 포하탄은 캡틴 스미스를 보자, 마치 그를 오라고 한 적이 없었다는 듯이 행동했다.

"총과 칼을 주기 전에는 너한테 줄 옥수수 없다." 이 말을 던지고 포하탄은 사라졌다. 곧 화가 난 용사 부대가 캡틴 주변을 에워쌌다. 그들은 창을 들고 죽일 것처럼 위협했다.

스미스는 칼을 빼서 가까이 서 있던 사람들에게 휘둘렀다. 그가 얼마나 사납게 행동했던지 인디언들은 얼른 뒤로 물러났다. 그리고 그가 다시 배로 돌아가게 내버려 두었다.

위협: 겁을 주기 위해 하는 행동

"밀물이 들어오기 전까지는 배를 움직일 수가 없습니다." 스미스가 말했다. "그때까지 여기서 기다리는 수밖에 없습니다."

"저들은 우리와 전쟁을 하는 겁니다." 한 사람이 말했다.

"맞아요." 캡틴 스미스가 말했다. "여자와 아이들은

곧 화가 난 용사 부대가

하나도 보이지 않고, 남자들은 모두 전쟁에 나가는 것처럼 몸에 물감을 칠했어요."

강가 근처에 텅 빈 천막이 있었다. 스미스 일행은 거기서 모닥불을 피우고 배가 움직일 수 있을 때까지 몸을 녹였다.

불 옆에 앉아서도 무기를 바로 옆에 두었다. 이제 어

캡틴 주변을 에워쌌다.

둠이 내렸다. 빛이라고는 불붙은 장작뿐이었다.

별안간 캡틴 스미스는 나무 아래서 가느다란 물체가 자기를 향해 오는 것을 발견했다. "넌 퍼렐!" 그녀가 다가오자 그가 말했다.

포카혼타스는 달려오느라 숨을 헐떡였다. 그리고 영국인 친구들이 죽을까 봐 겁이 나서 몸을 덜덜 떨었다.

"아버지가 당신을 해치려고 해요." 그녀가 캡틴 스미스에게 말했다. "당장 떠나야 돼요. 당신들 모두 죽일 거예요."

"그럼 우리에게 약속한 옥수수를 주지 않겠다는 뜻이니?" 한 사람이 물었다.

"한 알갱이도 주지 않을 거예요." 포카혼타스가 대답했다. "아버지가 당신들에게 친구인 것처럼 행동한다 해도 그 말을 절대로 믿으면 안 돼요. 방심하고 있을 때 숨어 있던 용사들이 덮쳐서 당신들을 모두 죽일 거예요. 이제 난 가야 돼요. 아무도 눈치채기 전에 여자들에게 돌아가야 돼요."

"넌 정말 믿음직한 소녀로구나!" 캡틴 스미스가 말했

다. "넌 진실한 친구야. 밀물이 들어오기만 하면 당장 떠날게. 하지만 그 전에 우리가 가져온 물건중에 네가 원하는 걸 주고 싶어."

"아니요! 아니요!" 포카혼타스가 울었다. 눈에서 눈물이 갈색 뺨 위로 데굴데굴 떨어졌다. "뭐라도 가져가면 큰일 나요. 만일 내가 여기 와서 경고해준 걸 아빠가 아시면, 용사들을 시켜서 날 죽일 거예요. 그 전에 캡틴의 머리를 몽둥이로 내리치려고 했던 것처럼요."

그녀는 숲 속으로 사라져버렸다. 밀물이 들어오자, 배가 강물을 타고 나갔다. 그들은 굶어 죽어가는 제임스타운 사람들에게 필요한 옥수수를 사기 위해 다른 마을을 찾아다녔다.

....

봄이 오고, 여름이 왔다. 창코가 강가 바위 위에 서서 멀리 커다란 흰 날개를 단 영국 카누를 처음 본지 2년이 넘었다. 이제 큰 카누들이 더 많이 오고 있었다.

그러나 포카혼타스는 제임스타운에 더 이상 가지 않았다. 그녀의 아버지가 영국인들에게 점점 더 화가 났기 때문이다. "그들은 우리 땅을 빼앗아 가려고 온 거야." 그가 이렇게 말하곤 했다.

"그들에게 아무것도 갖다 주면 안 된다." 그가 포카혼타스에게 말했다. "굶어 죽으라고 해. 그러면 내버려 둬도 저절로 없어져 버리겠지."

포카혼타스는 안절부절못했다. 그러나 감히 아버지 말을 어길 수는 없었다. 그녀는 언젠가 아버지 마음이 녹아서 자기가 다시 영국인 마을에 가도록 허락해주기를 바랐다.

그녀는 제임스타운에서 무슨 소식이 들려오는지 귀를 기울였다. 남자들은 그 마을 근처에 잠복해 있다가 돌아와서 무엇을 보고 들었는지 전해 주었다.

그러다 슬픈 소식이 들려왔다. 사나운 전쟁 추장은 그 소식을 듣자 미소를 시었다. 포카혼타스는 마음이 아팠다. 캡틴 스미스가 다쳤다는 것이다.

그가 배를 타고 만에 나갔다가 돌아오는 길이었다. 배 갑판에서 자고 있었는데 누군가가 실수로 옆에 있던 화약 자루에 총을 쏘았다. 펑! 터지는 소리가 나고, 시커

먼 연기가 자욱했다. 연기가 사라지자, 캡틴 스미스가 심하게 다쳤다는 사실을 발견했다.

"한쪽 옆구리 피부가 완전히 떨어져 나갔대." 로헌트가 포카혼타스에게 말했다. "살점이 다 드러나고 피를 많이 흘렸는데, 아무도 고치는 방법을 모른대."

포카혼타스는 온몸이 떨렸다. "일어나서 걸을 수는 있대요?" 그녀가 물었다.

"전혀 못 걸어." 로헌트가 대답했다.

"틀림없이 죽었을 거야." 인디언들이 서로서로 말했다.

"우릴 속이려는 속임수일지도 모르지." 포하탄이 말했다.

그러나 가을이 되고 시간이 흐르자 포하탄도 그 영국인이 죽었다고 믿기 시작했다.

포카혼타스는 슬픔에 빠졌다. 그녀는 하얀 얼굴 캡틴의 친구가 된 것이 자랑스러웠었다. 캡틴이 자기를 친절하다고 말했을 때 기뻤었다.

"사람들 말이 맞을 거야. 그는 죽었을 거야." 그녀는 혼자서 말했다. "이제 더 이상 영국인 마을에 가지 않을 테야. 나한테 미소 지으며 들어오라고 하던 캡틴이 없으니까."

8.
하얀 마을에서 살게 되다

 캡틴 스미스가 제임스타운에 온 이후 3년이 흘렀다. 말괄량이 소녀는 이제 거의 숙녀가 되었다. 모래사장에서 등 짚고 뛰어넘기 놀이나 재주넘기 놀이할 때는 지난 것 같았다. 그녀는 예쁜 흰색 진주를 매단 목걸이를 늘 걸고 다녔다.

그러나 이제 제임스타운에는 가지 않았다. 자기를 맞아 주던 영국인 아버지가 없었기 때문이다. 캡틴 스미스가 가르쳐주었던 말도 거의 사용하지 않았다.

1613년 여름이었다. 포카혼타스는 포토맥 강 변에 있는 자피 숙모가 사는 마을에 갔다. 그곳은 조금 더 평화롭게 느껴졌다. 숙모와 삼촌은 하얀 사람들과 싸우지 않았다. 오히려 강을 타고 오는 에이걸 선장과 무역을 했다. 포카혼타스는 거기서는 전쟁 이야기를 듣지 않아서 좋았다.

어느 날 아침 그녀는 자피 숙모와 폭포까지 걸어 올라갔다. 그곳에는 옛친구 화살 장이가 있었다.

"안녕, 말괄량이 소녀!" 그가 불렀다. "화살촉 만들 돌멩이 모아줄 거야?"

"물론이죠." 그녀가 대답했다. "예전처럼 잘 고를 수 있을지 모르겠어요."

"금방 다시 생각날 거야." 그가 말했다. "그런데 멀리 다른 마을에서 화살을 사러 사람들이 올 거야. 여기서 기다려. 그들이 무슨 물건을 가지고 오는지 봐."

거래하려는 사람들이 오자 포카혼타스는 그들이 가져온 모피는 흘끗 곁눈으로 보더니, 그들 중 한 젊은이를 뚫어지라 쳐다보았다.

그는 자기 부족을 위해 포카혼타스 부족의 말을 통역하고 있었다. 그는 키가 크고 거무튀튀하고 늠름한 청년이었다. 하지만 그를 보니 어쩐지 자기가 4, 5년 전에 말을 가르쳐 주었던 어린 소년이 생각났다.

그 청년이 주위를 둘러보았다. 그러더니 포카혼타스 눈과 마주쳤다. 그도 놀란 것 같았다. 순간 그의 눈빛이 반짝거렸다. 그는 포카혼타스가 자기 친구였다는 사실이 기억났다. 포카혼타스도 거의 같은 순간에 기억이 났다.

"말괄량이 소녀!" 그 청년이 말했다.

"캡티브 보이!" 포카혼타스가 소리쳤다. "어디 갔었어? 그때 생각나?"

캡티브 보이가 웃었다. "응. 그때 길을 거의 잃을 뻔했어." 그가 대답했다. "우리 마을에 가까이 온 줄 알았는데, 실제로는 훨씬 더 멀리 있었더라고. 며칠 걸려서야 겨우 마을을 찾았지. 추운 숲 속을 방황하다가 하마터면 굶어 죽을 뻔했어."

"그렇게 추웠으니 얼어 죽을 수도 있었어."

"처음에 너를 피해서 떠날 때는 그런 생각을 못 했어. 오직 집에 돌아가고만 싶었거든."

"나도 집으로 돌아갔어." 포카혼타스가 말했다.

"아, 나도 들었어. 네가 영국인 캡틴을 구해줬다는 소식. 그를 죽이려고 할 때 네가 그의 머리 위에 엎드렸다면서?"

"이제 그는 가고 없어." 포카혼타스가 말했다. "난 그를 하얀 얼굴 아빠라고 불렀었어."

"나도 그가 다친 소식 들었어. 이제 네 아버지 추장은 우리 부족들에게 모두 다 제임스타운의 영국인들과 무역하지 말라고 했어. 하지만 우리 부족은 지금 아무하고도 전쟁하지 않아.

우리 부족 사람들이 여기 무역하러 올 때마다, 내가 종종 따라와서 통역을 해. 옛날에 네가 니한테 말을 가르쳐줬기 때문이야."

포카혼타스가 웃었다. "걸어." 그리고 그녀는 예전처럼 앞뒤로 걸어 보였다.

"나무." 그가 말하면서 옆에 있는 나무를 손가락으로

가리켰다. 그들은 서로 가르쳐주고 배웠던 때를 기억하면서 같이 웃었다.

"넌 여전히 말괄량이 소녀로구나." 그가 말했다. "하지만 난 더 이상 캡티브 보이가 아니야."

그들이 마을로 돌아가자 자피 숙모가 말했다. "생각해 봐. 저 늠름한 청년이 지금쯤 내 아들이 되었을 텐데. 네가 도망치도록 도와주지만 않았다면."

자피 숙모는 원망하는 투였다. 포카혼타스는 숙모가 어떻게 그렇게 옛날 일로 아직도 화가 나 있는지 어리둥절했다.

....

그로부터 며칠 후 에이걸 선장이 배를 타고 강을 따라 올라왔다. 마을 사람 모두가 구경하러 나왔다. 그는 아주 흥미롭고도 유용한 물건들을 가져왔다. 그중 제일은 동으로 만든 큼직한 솥이었다.

자피 숙모는 그 솥에 대해서 한바탕 자랑을 늘어놓았다. 여자들이 집에서 만든 솥보다 얼마나 더 유용한지 설명했다. 음식이 훨씬 더 많이 들어가고, 훨씬 더 튼튼

했다. 절대로 부서지지 않는다.

하지만 영국 선장에게서 그 솥을 받으려면 상당히 많은 물건을 교환해야 했다. 그러나 포카혼타스는 그날 삼촌이 선장과 함께 특별한 거래를 계획하고 있었다는 사실을 몰랐다.

그로부터 며칠 후 에이걸 선장이 배를 타고 강을 따라 올라왔다.

포하탄 추장은 영국인들을 포로로 잡아 놓았다. 그뿐만 아니라 용사들이 제임스타운에서 훔쳐온 호미, 도끼, 총, 칼도 많이 있었다.

에이걸 선장은 포로와 물건들을 다시 찾을 방법을 궁리하다가, 추장의 딸을 인질로 잡기로 했다. 추장의 딸을 돌려주는 대신 포로와 훔친 물건들을 되돌려 받으려는 것이다.

"당신 조카를 데리고 와서 우리 배에 타라고 하십시오." 선장이 삼촌과 숙모에게 말했다. "그러면 동으로 만든 솥을 드리겠습니다."

그렇게 두 사람은 계획에 동참하게 됐다. 포카혼타스는 아무것도 모르고 있었다.

어느 날 아침 배에 갔던 삼촌이 돌아왔다. 기분이 좋은 것 같았다. 그는 숙모에게 그가 보고 온 물건들에 대해서 말했다.

"나도 보고 싶어요!" 숙모가 말했다. "나도 배에 데리고 가줘요."

삼촌이 고개를 흔들었다. "여자는 그럴 수 없어요."

포카혼타스도 점점 그 영국인 배에 올라가 보고 싶었다. 그녀는 자피 숙모를 쳐다보고 미소를 지었다.

자피 숙모도 같은 생각이었다. "포카혼타스는 몇 년 전 여름에 영국 배를 본 적이 있어요." 그녀가 말했다. "우리 같이 가서 보면 어떨까요? 포카혼타스가 선장에게 말하면 돼요."

삼촌은 고민하는 척했다. 이제 포카혼타스가 점점 흥미를 느끼는 것이 보였다. "글쎄, 일단 내가 먼저 알아봐야겠어요." 그가 천천히 말했다.

그는 다시 배가 있는 곳으로 갔다. 삼촌은 돌아와서 에이걸 선장이 두 사람 다 배를 구경하러 오라고 초청했다고 말했다. 그들은 즉시 출발했다.

에이걸 선장은 그들을 따뜻하게 맞이했다. 포카혼타스에게는 영국말로 말했다. 그녀도 영국말로 대답했다.

자피 숙모는 보는 것마다 감탄했다. "정말 놀라워!" 그녀가 말했다. "정말 오길 잘했어."

그녀가 어찌나 물건들을 샅샅이 구경했던지, 이제 해가 서편으로 기울기 시작했다. 그러자 에이걸 선장이 말했다. "선실에 식사를 마련해 놓았습니다. 가서 함께 식사합시다."

세 사람은 선장을 따라 선실로 들어갔다. 식탁 위에는 온갖 음식들이 차려져 있었다.

삼촌과 숙모는 접시, 나이프, 포크를 보고 한바탕 웃어 재꼈다. 포카혼타스는 제임스타운에 가서 그걸 본 적이 있었다.

아주 즐거운 식사 시간이었다. 포카혼타스는 자피 숙모가 여전히 자기에게 화가 나 있다는 사실을 잊어버리기 시작했다.

에이걸 선장이 그들을 데리고 배의 방향을 조종하는 키를 보여주러 갔다. 그리고 포카혼타스에게 키를 잡아 보게 했다.

"돛을 올리고 바람이 불면 이 바퀴를 돌리는 거야." 선장이 말했다. "그러면 배가 방향을 돌리고 바람이 돛을 부풀려서 물 위에서 움직이는 거지."

포카혼타스는 배에 너무 정신이 팔려서, 삼촌과 숙모가 떠난 것도 몰랐다. 조금 전에 자피 숙모가 자기 어깨너머로 키를 쳐다보고 있었건만, 이상하게도 지금은 온데간데없었다.
 포카혼타스는 선장과 혼자 남은 사실을 알고 덜컥 겁이 났다.

물 속으로 뛰어들려고 했다.

"삼촌과 숙모는 어딨어요?" 그녀가 물었다.

노 젓는 소리가 들렸다. 어둑어둑한 석양빛이 아른거리는 물 위에 카누가 떠 있는 모습이 보였다. 삼촌은 아주 조심스럽게 노를 젓고 있었다. 자피 숙모가 가운데

앉아 있었다. 얼굴에는 함박웃음이 어려 있었다. 그녀는 동으로 만든 솥을 무릎에 올려놓고 사랑스럽게 쓰다듬고 있었다. 저녁 햇살에 솥이 반짝반짝 빛났다.

"자피 숙모! 자피 숙모!" 포카혼타스가 큰 소리로 불렀다. 그러나 자피 숙모는 쳐다보지도 않았다.

포카혼타스는 뱃전으로 뛰어갔다. 그리고 물 위로 뛰어들려고 했다. 에이걸 선장이 부드럽게 그녀의 팔에 손을 올려놓았다.

"넌 우리와 함께 있어야 돼." 그의 목소리는 조금도 무섭지 않았다.

"안 돼요! 안 돼요!" 그녀가 소리쳤다.

"친절하게 대해줄 테니 걱정하지 마라." 그가 말했다. "겁낼 필요 없어. 네 아버지에게 데려다 줄게. 아버지가 우리 포로와 물건을 돌려주기만 하면. 내일 아침 배가 제임스타운으로 떠날 거야."

··········

제임스타운에서 한 사람이 포하탄에게 전갈을 가지고 왔다.

"추장의 따님은 잘 있고 좋은 대우를 받고 있습니다. 그러나 우리 포로를 돌려줄 때까지 따님을 데리고 있겠습니다. 훔쳐간 총과 칼도 돌려받아야 합니다."

포하탄은 잠잠히 듣고 있었다.

"대답은 나중에 전달하겠습니다." 용사 한 명이 와서 말했다. 그는 빈손으로 제임스타운으로 돌아갔다.

"창코!" 어느 날 티모 숙모가 말했다. "제임스타운에 가서 포카혼타스가 잘 있는지 보고 올래? 그 애가 보고 싶어. 잘 있어야 할 텐데."

창코는 그렇지 않아도 가고 싶던 참에 잘 됐다고 생각했다. 사실 혼자 가려고 계획을 했는데 이제 티모 숙모가 도와주니, 무사히 다녀올 수 있게 되었다.

마을이 점점 가까워지자 창코는 겁이 났다. 포카혼타스와 결혼식을 구경하러 간 후 처음 온 것이다. 그때는 누가 자기를 업고 갔기에 천만다행이었다. 그 생각을 하니 웃음이 나왔다. 조금만 있으면 자기도 난타카처럼 큰 청년이 될 것이다.

출입문에는 한 영국인이 서 있었다. 창코는 포카혼타

스가 가르쳐주었던 단어를 기억하고 있어 다행이라고 생각했다.

"친구로 왔어요." 그가 보초병에게 말했다. 아주 심각한 표정이었다. "나 혼자고, 무기는 없어요. 내 친구 포카혼타스를 보러 왔어요."

하얀 얼굴 사람이 잠시 그를 쳐다보았다. "들어와." 그가 말했다. 그리고 창코가 들어가도록 옆으로 비켜주었다. "그녀는 우리 교구 목사님 휘테커 씨 댁에 있어."

창코는 양쪽에 집들이 나란히 있는 길을 따라 걸었다. 포카혼타스가 그를 보자 밖으로 나왔다.

둘이 다시 만나니 정말 반가웠다!

"하지만 내가 옛날에 널 바위에서 내려서 업고 갔듯이 네가 날 업고 갈 수는 없잖아." 포카혼타스가 말했다. 그녀는 반쯤 웃고 반쯤 울고 있었다. "아빠가 포로들과 훔친 물건들을 돌려주지 않으시려나? 내가 돌아가기를 바라지도 않으시나?"

"곧 몇 명은 돌려보내실 것 같아." 창코가 말했다.

둘이 다시 만나니 정말 반가웠다!

"하지만 포로 중에 몇 명은 이미 죽었고, 일부는 도망쳤어. 너도 알지? 아직 네 아버지는 포로들을 돌려보내겠다는 약속을 안 하셨어. 하지만 용사들이 이 마을 저 마을 다니며 그들을 찾고 있어."

"가서 티모 숙모에게 전해 줘. 여기 사람들은 모두 나한테 잘해준다고." 포카혼타스가 말했다. 하지만 아무도 캡틴 스미스 얘긴 안해. 난 캡틴이 자꾸 생각나."

"캡틴이 여기 있었으면……." 창코가 말했다.

"나도 그래." 포카혼타스가 말했다. "하지만 사람들은 매우 친절해. 휘테커 씨가 나한테 영어를 더 가르쳐 주셔. 교회 집회 때 읽는 까만 책으로 말이야. 그 내용을 나한테 설명해주셔. 난 그걸 듣는 게 좋아. 휘테커 부인은 집안일을 가르쳐 주시고. 티모 숙모한테 내 걱정은 마시라고 해."

창코가 돌아갈 시간이 되었다.

"로헌트한테도 보고 싶다고 전해 줘." 창코가 떠날 때 포카혼타스가 등 뒤에서 말했다.

까만 책: 성경책

석 달이 지나도록 포하탄 추장에게서는 아무 소식이 없었다. 그러다가 용사들이 포로 중 일곱 명을 데리고 낡은 총 몇 자루를 가지고 왔다.

"다른 포로들은 어디 있나?" 데일 총독이 물었다. 그는 제임스타운의 지도자였다. 용사들은 고개를 흔들 뿐이었다. 돌려줄 것은 이것이 전부라고 했다.

로헌트도 함께 있었다. "아버지가 뭐라고 하셨어요?" 포카혼타스가 물었다.

"거의 아무 말씀도 없었어." 로헌트가 말했다. "아직도 하얀 얼굴 사람들에게 화가 나 있어. 전부 다 이 나라에서 쫓아내기를 바라고 계셔."

다음 해 봄 데일 총독은 더 이상 포하탄의 대답을 기다리지 못하겠다고 생각했다.

"배를 타고 간다. 너도 함께 가자. 너희 마을에 가서 네 아버지와 직접 얘기를 해야겠다." 그가 포카혼타스에게 말했다.

영국 배가 강둑에 나타났다. 포하탄은 마을에 없었다. 그는 용사들과 자리를 피해 있었다. 데일 총독은 다시 배를 타고 제임스타운으로 돌아왔다. 포카혼타스도 다시 데려왔다. 그녀는 몹시 슬펐다.

"아빠는 나보다 총이나 도끼가 더 귀한가?" 그녀는 눈물을 흘렸다.

....

포카혼타스는 다시 영국인 마을에서 살았다. 때때로 로헌트가 그 빠른 걸음으로 이 마을 저 마을 돌아다니다가 제임스타운에 잠깐 들러 숙모들과 다른 친척들 소식을 그녀에게 들려주었다.

"여기 한 청년이 있는데요." 포카혼타스가 그에게 말했다. "밭에 담배를 심겠대요. 그걸 말려서 꽁꽁 묶은 다음 배에 실어 영국에 보낼 거래요. 이상하지 않아요?" 그녀가 계속 말했다. "그렇게 물 건너 먼 나라 사람들은 담배를 본 적도 없을 텐데 말이에요. 그리고 옥수수도 보낸대요. 옥수수가 뭔지도 모를 텐데. 그런데 옥수수가 없다면 그들은 뭘 먹고 살까요?"

"맞아. 우린 옥수수 없으면 안 되지." 로헌트가 맞장구쳤다.

"숙모들에게 보고 싶다고 전해 줘요." 포카혼타스가 말했다. "하지만 여기 사람들 모두 나한테 잘해줘요. 특히 담배를 키우는 그 청년이 나한테 친절해요. 존이에요. 존 롤프.

내가 할 수만 있다면 아빠가 이 영국인들에게 친절하게 대해주도록 도와주고 싶어요."

포카혼타스는 할 말이 끝이 없는 것 같았다. "그리고 로헌트, 내가 영국인 교회에 일주일에 두 번씩 나간다

"내가 레베카에게 세례를 줍니다."

고 전해 줘요. 교회에서 나를 곧 회원으로 만들어 줄 계획이에요. 그러면 영국 사람들처럼 되는 거예요. 모두들 와서 그걸 구경했으면 좋겠어요.

캡틴 스미스는 내가 우리 부족 중에서 처음으로 영국 말을 배웠다고 했어요. 이제 이 사람들은 내가 우리 부족 중에서 처음으로 교회 회원이 된다고 말해요."

포카혼타스가 제임스타운 교회에서 무릎을 꿇고 회원이 될 때, 그녀의 마을에서 인디언들이 몇 명 와서 구경했다. 그녀는 마치 영국 소녀처럼 흰옷을 입었다. 그리고 머리에 물을 뿌리고, 목사가 이렇게 말했다. "내가 레베카에게 세례를 줍니다."

"그래서 난 이름이 또 하나 생겼어." 그녀가 창코에게 말했다. 그는 세례식을 구경하는 내내 놀라서 입을 떡 벌리고 있었다. "얼마 있으면 난 이름을 또 하나 더 얻게 돼. 숙모들에게 내가 로헌트에게 얘기했던 그 청년이 내 남편이 될 거라고 전해 드려."

"존 롤프 말이야?" 창코가 물었다.

세례: 기독교인이 된다는 표시로 머리에 물을 뿌리는 것

"응. 우리가 제임스타운에서 처음으로 결혼식 구경한 때 생각나? 지금은 잃어버렸지만 난타카가 나한테 줬던 노란 고리 기억나? 이제 난 그런 고리를 받게 돼. 존 롤프가 내 손가락에 끼워 줄 거야. 사람들은 나를 롤프 부인이라고 부를 거야.

그리고 창코, 이곳 사람들이 아버지에게 사람을 보내서 결혼을 허락해달라고 요청할 거야. 그렇게 우리 부족과 이곳 사람들이 서로 친구가 되기를 간절히 바래. 캡틴 스미스가 이곳에 있었을 때처럼."

포하탄은 딸이 존 롤프와 결혼하는 것을 승낙했다. 그리고 평화를 지키기로 약속했다. 그러나 결혼식을 보러 제임스타운에 가지는 않겠다고 했다.

사나운 전쟁 추장과 오빠 난타카는 참석했다. 로헌트와 창코는 목사가 그 책을 읽는 모습을 구경하며, 눈이 휘둥그레졌다. 그때 존 롤프가 작은 금반지를 포카혼타스의 손가락에 끼워주었다. 목사가 말했다. "이제 당신 둘을 남편과 아내로 선포합니다."

그러자 사람들이 모두 포카혼타스 주변에 몰려들었

다. 그녀를 롤프 부인이라고 불렀다. "이 사람들은 정말 친절해." 그녀가 창코에게 말했다. "기억해. 항상 이 사람들에게 친절을 베푸는 것을."

로헌트에게는 이렇게 말했다. "아빠가 이 영국 사람들과 평화를 유지한다면 기쁘겠어요. 이 사람들은 이제 내 부족이에요."

"그리고 당신은 새 이름을 얻었어요. 레베카 롤프 부인." 그녀의 새 남편이 미소를 지으며 말했다.

"정말 좋은 이름이에요." 그녀가 남편을 올려다보며 미소를 지었다.

그러나 그녀의 마음속에는 과거에 한 영국인이 그녀에게 주었던 이름을 생각했다. '캡틴 스미스가 우리 결혼식을 보았더라면…… 그가 나를 넌퍼렐이라고 부르는 목소리를 듣고 싶어.'

9.
창코는 잊지 않았다

"저 큰물을 건너가 봤으면……." 창코가 말했다. 그는 제법 키가 많이 자랐다.

제임스타운의 토마스 데일 총독이 영국으로 돌아가는데, 가는 길에 인디언들을 데리고 가기로 했다.

존 롤프도 아내와 어린 아들과 함께 가게 되었다. 그 아기는 데일 총독의 이름을 따서 토마스라고 불렀다.

"하지만 영국 사람들은 포카혼타스를 보고 순수한 인디언이라고는 생각하지 않을 겁니다." 총독이 말했다.

"물론 머리카락도 새카맣고, 두 볼은 갈색이지요. 하지만 그녀는 어느 모로 보나 영국 부인 같아요. 영국 사람들은 그녀를 귀부인 레베카, 혹은 포카혼타스 공주라고 부를 겁니다. 그들에게 진짜 인디언을 보여주려면 포하탄의 마을에 사는 다른 인디언들을 데리고 가야 합니다."

포하탄도 이에 동의했다. 자기 딸이 존 롤프와 결혼한 뒤로 포하탄은 더 이상 영국인들과 싸우지 않았다. 포카혼타스 여동생 중 한 명이 자기 남편과 함께 가기로 했다. 남편 이름은 토모코모였다. 다른 젊은 남자, 여자 인디언들도 가기로 했다. 그러나 창코는 아무도 뽑아주지 않았다.

"물 건너에 있는 나라에 가면 눈을 부릅뜨고 봐라." 포하탄이 토모코모에게 지시했다. "사람들이 몇 명인지 세어 봐. 그리고 사람 수대로 줄에 매듭을 지어서 나한테 가져와라."

토모코모는 영국에 가서 진짜 그렇게 했다. 그러나 금세 줄이 더 필요했다. 영국 사람들이 너무 많아서 볼 때마다 매듭을 지을 수가 없었다. 그는 너무 어이가 없어서 줄을 내동댕이쳐버렸다.

인디언들은 다시 자기 고향 버지니아로 돌아오자 기뻤다. 그러나 포카혼타스와 어린 아기 토마스는 영국에 남기로 했다.

"마을이 너무 커서 집의 숫자를 셀 수도 없었어요." 토모코모가 자기 마을 사람들에게 말했다. "심지어 길도 너무 많아서 셀 수가 없었다니까요."

"어머나!" "그럴 수가!" 곳곳에서 감탄사가 연발했다. 그렇게 큰 건물과, 그렇게 거대한 배들과, 그렇게 셀 수 없이 많은 사람들을 토모코모가 진짜로 보고 하는 얘길까? 어떤 사람들은 토모코모의 말을 도무지 믿을 수 없다며 의심했다. 창코는 모든 말을 귀 기울여 들었다.

"우리가 가는 곳 마다 사람들이 우리를 따라다니며 쳐다봤어요." 토모코모가 계속 말했다. "우리를 계속해서 자기들 집에 초대하고, 온갖 질문을 했어요."

"포카혼타스는 사람들이 쳐다보는 걸 좋아하지 않았

어요. 그리고 사람들이 졸졸 따라다니는 것도 좋아하지 않았지요. 하지만 점점 사람들이 그녀에게 매우 친절하게 대하자, 그곳에 살고 싶어 했어요.

　처음에 사람들은 존 롤프가 우리 누이와 결혼한 것에 영국 왕이 화가 났다고 말했어요. 기억나세요? 그 전에 캡틴 스미스와 뉴포트 선장이 와서 우리 추장에게 무릎을 꿇게 하고 머리에 동으로 된 동그란 관을 씌워주려고 했던 것 말이에요?"

　듣고 있던 사람들이 모두 고개를 끄덕거렸다. 어떤 사람들은 웃음을 터트렸다. 영국인 두 명이 아무리 애를 써도 포하탄은 꼼짝달싹도 하지 않았던 것이다.

　토모코모가 계속 말했다. "이 영국 사람들은 포하탄에게 왕관을 씌워서, 그를 자기들 왕처럼 만들려고 했어요. 다만 그들의 왕은 포하탄처럼 늠름하고 힘이 세지 않았어요. 자기를 왕이라는 괴상한 이름으로 불러준다고 해서 포하탄이 콧방귀나 뀌겠어요? 그는 우리의 추장이에요. 그보다 더 자랑스러운 게 어디 있단 말이에요?

하지만 이 영국 사람들은 포카혼타스를 공주라고 불렀어요. 어떨 때는 귀부인 레베카라고 불렀어요. 교회에서 받은 그 이름 말이에요."

"공주라고 부르면 포카혼타스가 좋아했어요?"

"그런 것 같지 않았어요." 토모코모가 대답했다. "한번은 그녀가 여러 가지 자기 이름을 다 말했어요. 그리고 자기가 제일 좋아하는 이름은 캡틴 존 스미스가 지어준 이름이라고 했어요."

"난 그 이름이 뭔지 알아요." 창코가 열정적으로 말을 이어받았다. "넌퍼렐이에요. 이 세상에 그녀와 비길 만한 소녀가 없다는 뜻이라고 했어요. 포카혼타스는 공주라고 불리는 여자들은 많이 있을 테지만, 넌퍼렐은 공주보다 더 좋은 이름이라고 했어요."

"그건, 그래." 마을 사람들이 웅성거렸다. 그들도 용사들이 금발의 캡틴 머리를 내리치려는 순간 그녀가 몸을 내던지며 구해주었던 사건을 기억했다.

....

"이제 잘 들어 보세요." 토모코모가 계속 말을 이었

다. "지금부터 놀랄 만한 얘기를 할 테니까요."

듣고 있던 사람들이 바싹 다가왔다. 물론 창코가 제일 가까이 붙어 있었다. 그는 한 마디도 놓치지 않으려고 했다.

"어떤 사람이 영국 왕비에게 편지를 보냈어요. 그 편지에는 포카혼타스가 얼마나 좋은 여자이며, 제임스타운 사람들을 돕기 위해 얼마나 많은 일을 했는지 적혀 있었어요. 그녀가 얼마나 충실하게 음식을 가져다주었으며, 우리 부족이 그들과 항상 평화를 유지하도록 얼마나 애를 썼는지를 설명하는 내용이었지요.

그런데 누가 그 편지를 썼는지 아세요? 바로 캡틴 존 스미스였어요!"

듣던 사람들이 화들짝 놀라서 웅성거렸다. "그가 죽지 않았단 말이에요?" 창코가 소리쳤다.

"우리 모두 그렇게 생각했지요." 토모코모가 말했다. "그가 화약 폭발 사건으로 심하게 부상당해서 배를 타고 영국으로 떠난 걸 우리 모두 알잖아요. 그 당시에 캡틴은 말도 할 수 없었어요. 우리는 그가 가는 도중에 죽어서 바다에 장사되었다고 생각했어요.

그렇지만 그는 영국까지 갔어요. 거기서 의사들이 오랫동안 그의 상처를 치료했고요. 그 결과 그는 다시 걸을 수 있게 되었어요."

"그는 왜 여기로 돌아오지 않았대요?" 티모 숙모가 물었다.

"그 이유는 나도 몰라요. 대신 그는 더 북쪽으로 배를 타고 탐험했어요. 모혹 부족이 사는 곳까지요. 캡틴 스미스에게서 직접 들었어요."

"그를 만났어요?"

"그럼요. 어느 날 오후 그가 포카혼타스와 그 남편을 만나러 왔어요. 나도 아내와 함께 그곳에 있었죠. 그는 포카혼타스의 남편을 미스터 롤프라고 부르며 아주 정중하게 대했어요. 그리고 포카혼타스에게 몸을 돌리고는 바닥에 한쪽 무릎을 꿇었어요. 그리고 '귀부인 레베카, 우리나라에 오신 걸 환영합니다.'라고 말했어요.

포카혼타스는 마음이 언짢았어요. 그녀는 뒤로 돌아

장사: 죽은 사람을 땅에 묻는 것. 배에서 죽으면 바닷물 속에 던진다.

창가로 갔어요. 거기서 한참 동안 앉아 있었어요. 그녀는 창밖을 내다보았어요. 캡틴 스미스한테도, 우리들한

포카혼타스는 마음이 언짢았어요.

테도 아무 말이 없었어요."

"왜 그녀는 캡틴에게 아무 말도 안 한 거죠?"

"캡틴 스미스도 그 이유를 몰랐어요. 남편도 영문을 몰라 어리둥절했어요."

"저런!" 숙모 한 명이 작은 소리로 말했다.

"캡틴 스미스는 존 롤프와 이야기했고, 어린 토마스와 놀아 줬어요. 토마스는 이제 튼튼한 소년으로 자랐어요. 그는 캡틴을 무척 따랐어요. 하지만 포카혼타스는 계속 말이 없었어요."

"그래서 캡틴이 어떻게 했어요?" 한 숙모가 물었다.

"그는 포카혼타스가 앉아 있는 창가로 갔어요. '제가 무슨 실수를 저질렀습니까?' 그가 물었어요. '영국 여왕께 편지해서 이 인디언 공주님이 영국말을 할 수 있다고 했는데요. 저는 그게 몹시 자랑스러웠습니다.'"

"맞아! 포카혼타스는 영국말을 할 수 있지!" 앞서 질문했던 숙모가 말했다.

"그러자 포카혼타스가 마침내 입을 열었어요." 토모코모가 말했다. "그녀는 캡틴이 자기를 마치 처음 보는 사람처럼 대했다고 느꼈던 거예요. 그녀는 말했어요.
'난 캡틴이 돌아가셨다고 들었어요. 지금까지 그렇게 알고 있었죠. 그런데 왜 저를 공주니, 레베카 부인이니, 그런 이름으로 부르시는 거죠? 캡틴이 나한테 주신 그 이름이 제가 제일 듣고 싶은 이름인데요.'

　캡틴은 자기 나라 사람들이 포카혼타스를 얼마나 극진히 대접하는지를 보여주기 위해서 그렇게 했다고 설명했어요.

　포카혼타스는 고개를 흔들었어요. 그리고 옛날에 버지니아에서 자기를 불렀던 이름을 잊어버렸느냐고 캡틴에게 물었어요.

　'천만에요. 당신은 변함없이 다른 여자들과 비길 수 없는 넌퍼렐입니다.' 그가 말했어요. 그러자 포카혼타스의 찡그렸던 이마가 환해졌어요.

　'캡틴이 우리 부족에게 왔을 때 사람들이 모두 겁을 내지 않았던가요?' 그녀가 캡틴에게 말했어요. '하지만 난 겁나지 않았어요! 그런데 캡틴은 지금 당신의 나라에서 저의 아버지라고 불리는 게 두려우신가요? 제

가 제임스타운에 갈 때마다 그렇게 부르지 않았던가요?'

'잘 들으세요. 저는 당신을 아버지라고 부를 거예요. 당신은 나를 딸이라고 불러 주세요. 그리고 나는 죽을 때까지 아버지 나라 사람이 될 거예요.'"

그리고 토모코모가 이렇게 덧붙였다. "그 뒤에 포카혼타스는 영국 왕과 왕비를 만나고, 아주 높은 사람들과 부유한 사람들을 만났어요. 무도회와 만찬에 초대받았지요. 하지만 내가 보기에 그녀는 캡틴을 만나 다시 아버지와 딸이 된 그 순간이 가장 행복했던 것 같아요. 무도회와 만찬은 오히려 지친 것 같았죠."

....

포하탄은 살아 있는 동안에 그가 제임스타운 사람들과 한 약속을 지켰다. 더 이상 전쟁을 좋아하는 인디언들이 함성을 지르고 횃불을 휘두르며 그 마을을 덮치는 일이 없었다. 더 많은 사람들이 소금물을 건너왔다. 그들은 땅을 일구어 밭을 만들고, 그것을 농장이라고 불렀다. 농장은 제임스타운 주위로 두루두루 퍼져 있었다.

창코는 이제 청년이 되었다. 그러나 그는 전쟁을 하지 않았다. 그는 포카혼타스가 한 말을 절대로 잊지 않았다. 그가 어렸을 때 그녀가 종종 이렇게 말해주었다. "창코, 하얀 사람들과 항상 친구처럼 지내. 그들이 우리에게 친절하게 해주니까, 우리도 그들을 친절하게 대해야 돼."

이제 창코는 하얀 사람의 농장에서 살고 있었다. 거기서 담배를 기르고 수확하는 것을 도와주었다.

창코는 그런 일을 좋아했다. 그리고 농장 주인을 아주 좋아했다. 그는 점점 더 영국말과 영국 사람의 생활을 배웠다.

포하탄이 죽자, 인디언들은 새 추장을 뽑았다. 그는 병들었고 절름발이인 데다 한 번도 전쟁 용사가 되어 본 적이 없었다. 그도 또한 바다를 건너 오는 사람들과 평화를 유지했다. 그가 사는 동안에는 하얀 사람들의 집이나 농장을 습격하는 일이 없었다.

그러나 그는 늙고 병들었다. 머지않아 그도 세상을 떠

났다. 그 뒤를 이은 추장은 사나운 전쟁 추장 오페캉카노였다. 그는 포카혼타스의 삼촌이었는데, 매우 잔인했다. 그는 전쟁에 나가 얼마나 많은 사람들을 죽였는지 떠벌이기를 좋아했다.

사나운 전쟁 추장은 제임스타운에 심부름꾼을 보내서 선물을 주었다. 그리고 평화를 약속했다.

"우리 사이의 평화는 단단합니다." 그 심부름꾼이 제임스타운 주민들에게 말했다. "하늘이 무너지기 전에는 우리 사이에 평화의 사슬이 끊어지지 않을 것입니다."

영국 사람들은 그 말을 듣고 기뻤다. 그리고 그 말을 믿었다.

그러나 그 교활한 사나운 전쟁 추장은 자기가 습격할 준비를 할 때까지 그 사람들이 자기 말을 믿고 안심하게 만든 것이었다. 그는 외부에서 들어온 그 낯선 사람들을 전부 제거할 수 있을 때까지 몇 년 동안 기다려왔다. 다수는 죽이고, 나머지는 무서워서 도망가게 만들 계획이었다.

이 심부름꾼이 평화의 약속을 전해준 지 일주일 후, 창코는 담뱃잎을 저장하는 헛간에서 짐승 가죽을 깔아 놓은 침대 위에 누워 있었다.

물 흐르는 소리가 들렸다. 그 농장은 강의 북쪽에 있었다. 낮에는 제임스타운에서 연기가 모락모락 올라가는 모습이 보였다. 그러나 그곳에 가려면 카누를 타고 강을 건너야 했다.

멀리서 개골개골 개구리울음 소리도 들렸다. 메추라기가 찢어지게 울어 댔다. 헛간의 열린 문 사이로 보이는 검푸른 하늘에는 초저녁별이 반짝반짝 빛났다.

그때 또 다른 소리가 들렸다. 가벼운 발걸음 소리였다. 캄캄했지만, 문간에 자기 형이 서 있는 모습을 분별할 수 있었다.

"오늘 밤 너랑 같이 자려고 왔어." 형이 말했다.

형은 자주 그렇게 했다. 한밤중에 찾아온 손님과 짐승 가죽 담요를 같이 덮고 자는 건 조금도 낯설지 않았다. 그러나 형이 마을과 마을 사람들 이야기를 할 때, 창코는 뭔가 형이 숨기는 것이 있다는 느낌이 들었다.

이윽고 형이 말했다. "창코, 내가 할 말이 있어. 사나운 전쟁 추장은 이제 우리 모두 힘을 합해서 우리나라에 들어온 이 사람들을 없애 버려야 한다고 말했어. 우리는 이 사람들이 여기 사는 걸 좋아하지 않아."

"하지만 심부름꾼이 와서 평화의 사슬은 절대로 끊어지지 않을 거라고 말했잖아." 창코가 말했다.

"그건 다만 영국인들이 우리 속셈을 알아차리지 못하게 하려는 것뿐이야." 형이 말했다.

"이제 우린 준비가 됐어. 우리 전쟁 용사들이 한 사람 한 사람 마을을 방문 올 거야. 내가 널 방문한 것처럼. 그 다음 날 아침에는 아침 식사를 달라고 부탁할 거야. 그리고 친구인 것처럼 행동할 거야.

그러다가 사나운 전쟁 추장과 그 부대가 전쟁 함성을 울리면, 그것이 신호야. 우리 모두 일어나서 전부 죽일 거야. 농장과 마을 사람 전부. 하얀 사람은 한 명도 살려두지 않을 거야.

먼저 여기 사는 사람들을 다 해치우고 난 뒤, 제임스타운으로 가서 그곳 사람들을 모두 죽일 거야."

날은 춥지 않았으나, 창코는 몸이 덜덜 떨렸다. 자기가 일하는 영국인 농장 주인의 머리에 손도끼가 박힌다고 상상하니 무서웠다.

'그는 항상 나한테 아버지같이 대해 주었어.' 그 젊은 인디언이 생각했다.

그러나 형한테는 단순히 '응.' 혹은 '아, 그렇구나.'라고만 대답했다. 아무리 해도 형의 마음을 바꿀 수 없다는 것을 알았기 때문이다. '형이 잠들 때까지 기다렸다가 빠져나가야겠다.' 창코가 생각했다.

창코는 침대에 누워 자기를 아들처럼 대해준 주인에 대해서 생각했다. 그의 부인도 자기에게 친절하게 대해 주었다. 그 집 어린 아들은 자기가 가는 곳마다 졸졸 따라다녔다. "내가 말괄량이 소녀를 촐랑촐랑 따라다닌 것과 똑같이." 그가 혼잣말했다.

그러다 창코도 잠이 들었는데 꿈을 꾸었다. 그는 포카혼타스가 자기에게 똑똑히 말하는 것을 보았다. 마치 지금 바로 옆에 서 있는 것 같았다. 그녀는 존 롤프 부인이 아니라, 그가 어릴 때 늘 따라다니던 말괄량이 소녀였다.

"창코." 그녀는 마치 소곤거리는 것 같았다. "영국 사람들에게 항상 친절하게 대하는 것 잊지 마."

그리고 그는 어릴 때 약속했던 것과 똑같이 이번에도 약속했다. "난 항상 그들에게 친절하게 대할 거야."

이제 창코가 잠에서 깼다. 그러나 옆에 서 있던 말괄량이 소녀는 보이지 않았다. 대신 형이 잠에 곯아떨어져 있었다. 창코는 형이 깨지 않도록 조심해서 담요에서 나와 살금살금 문간으로 기어갔다.

헛간 밖에서는 달렸다. 고양이처럼 재빨리 농장 집으로 갔다. 그리고 살살 문을 두드렸다.

"누구요?" 안에서 소리가 났다.

"창코예요." 그가 대답했다. "문제가 생겼어요. 전해 드리러 왔어요."

곧 모든 내막을 알렸다.

"당장 제임스타운에 가서 알려야 돼." 그 농부가 말했다. "그러는 동안 우리 농장을 모두 불태워 버리겠지. 하지만 제임스타운은 막아낼 수 있어.

창코, 너도 우리와 함께 가야 돼. 네가 여기 있으면 위험해. 네가 우리에게 경고해 준 게 탄로 나면 그들이 가만 안 둘 테니까."

그들은 카누를 타고 강을 따라가며 주민들에게 경고했다. 제임스타운은 방어 준비를 했다. 그래서 인디언

그들은 카누를 타고 강을 따라

들이 접근했을 때 이미 주민들은 총을 들고 마을을 지키고 있었다. 인디언들이 전쟁 함성을 올리자, 영국인들은 모두 전투태세에 들어갔다.

제임스타운 주민들은 습격당하지 않았다. 그러나 멀리 떨어진 농장에서는 많은 사람들이 죽임을 당하고 집

내려가며 주민들에게 경고했다.

들은 모두 잿더미가 되었다.

　제임스타운에서는 모두 창코에게 고맙다고 말하며, 그가 자기들 집과 생명을 구해주었다고 말했다. 그는 마음속으로 말괄량이 소녀의 말을 지켰을 뿐이라고 생각했다. 언제나 영국 사람들에게 친절하라고 말했던 그 소녀의 말을.

··········

　이 모든 일이 일어난 지 수백 년이 흘렀다. 이제 그곳은 대서양을 낀 해안의 몇 개의 작은 마을이 아니라, 큰 나라가 되었다. 영어를 말하는 하얀 사람들이 수백만 명 살았다. 그러나 포하탄의 부족은 해가 갈수록 점점 줄어들었다.

　포카혼타스는 넓은 바다를 건너간 이후 다시는 돌아오지 않았다. 그녀는 영국 그레이브샌드 항구에서 남편과 아기 토마스와 함께 아메리카로 가는 배를 기다리고 있었다. 그러다 그곳에서 천연두에 걸려 세상을 떠났다.

　대서양: 유럽과 미국 사이에 있는 큰 바다

존 롤프는 아메리카로 올 때 아들 토마스를 영국에 있는 삼촌에게 맡겼다. 그래서 토마스는 영국인 가정에서 자랐다. 그는 영국 소년과 같은 교육을 받았다. 어머니를 닮아 머리카락이 검고 피부가 거무튀튀했다. 그 점만 뺀다면 어느 모로 보나 영국 소년이었다. 인디언의 생활이나 방법에 대해서는 아는 게 없었다.

그는 학교를 마친 뒤 버지니아로 돌아왔다. 와보니 아버지도 세상을 떠나고 없었다. 비록 창코가 제임스타운 주민들에게는 경고했지만, 멀리 떨어진 농장들에는 경고할 새가 없었다. 존 롤프는 인디언 용사의 손에 죽었다.

토마스 롤프는 버지니아에서 살았다. 그곳은 존 롤프와 포카혼타스의 아들인 그가 태어난 곳이자 영국사람들이 사는 마을이었다. 그는 어머니의 부족이 사는 마을에서는 살 마음이 없었다.

때가 되자 그는 결혼해서 가정을 이루었다. 자식은 외동딸 하나밖에 없었지만 그 딸의 후손 중에는 미국 역사에 중요한 사람들이 많이 나왔다. 증손자 중에 로아

녹 출신의 존 란돌프는 의회 지도자가 되었다. 먼 훗날 미국 우드로 윌슨 대통령의 부인도 자기 조상이 인디언 소녀 포카혼타스임을 자랑스럽게 여겼다.

....

세월이 지나자 제임스타운은 없어졌다. 영국사람들은 그 지역이 건강에 좋지 않다고 판단했다. 그들은 점점 땅을 일구어 스스로 음식을 키워 먹는 방법을 배웠기 때문에, 더 이상 바닷가에서 살 필요가 없게 되었다. 전처럼 영국에서 음식을 싣고 오는 배에 의존하지 않아도 되기 때문이었다.

그래서 그 정착촌은 육지 더 깊은 곳으로 들어갔다. 이제 영국에는 새 왕이 있었기 때문에 마을 이름도 새로 지었다. 윌리엄스버그였다.

그러나 사람들은 제임스타운이 버지니아 해안에 세워진 최초의 영국인 마을이라는 걸 잊지 않았다. 수백 년이 흐른 뒤 그곳에 박물관을 건설했다. 미국 사람들이 과거의 역사를 공부하기 위해 그곳을 방문했다. 현

윌리엄스버그: 윌리엄(영국왕의 이름)의 마을이란 뜻

재 남은 옛날 건물이라고는 교회 탑 일부 밖에 없다. 그 교회에서 포카혼타스가 무릎을 꿇고 레베카라는 새 이름을 받았다. 그곳에서 그녀가 존 롤프와 나란히 서 있었고, 목사가 그들을 남편과 아내로 선포했다.

거기 가까운 곳에 청동으로 만든 동상이 세워졌다. 동상 개막식에는 많은 사람들이 참석했다. 그 동상은 명랑하고 마음씨 고운 소녀의 동상이었다. 그녀의 민첩한 행동과 친절한 마음이 과거 정착촌 사람들을 지켜주는 데 몹시 중요한 공헌을 했음을 말해주고 있었다.

그곳에서 북쪽으로 올라가면 자피 숙모가 살던 마을이 있다. 지금 그곳에는 미국의 수도가 세워졌다. 이 나라의 첫 번째 대통령 이름을 기려 그 도시를 워싱턴이라고 불렀다. 그곳에는 나라를 위해서 의회가 법을 만드는 국회의사당 건물이 있다.

그 건물 중앙에는 거대한 돔이 있는데, 이 나라의 과거 역사에 중요한 장면을 그려 놓았다. 그 그림 중에는 갈색 피부의 젊은 여자가 하얀 드레스에 면사포를 쓰고

돔: 둥근 모양의 지붕

있는 그림이 있다. 그녀가 제임스타운 교회에서 목사 앞에 무릎을 꿇고 있는 그림이다. 그 아래에는 "포카혼타스의 세례"라고 쓰여 있다.

그녀는 버지니아 지역의 빽빽한 숲 속에서 뛰어노는 말괄량이 인디언 소녀였지만, 어른이 되어 큰 농장의 주인 존 롤프의 부인이 되었다. 그리고 영국에 가서 영국 왕과 왕비를 만난 "귀부인 레베카"가 되었다. 과연 역사상 이 소녀와 비길만한 소녀가 또 있을까?

다른 어떤 소녀와도 비길 수 없는 소녀라고 불렀던 캡틴 존 스미스의 말이 딱 맞았다.

여러분, 기억하나요?

1. 난타카는 여동생에게 무슨 선물을 주었나? 그것을 어떻게 얻었나?

2. 포카혼타스는 처음 얻은 활과 화살로 무엇을 했나?

3. 포카혼타스는 밭에서 까마귀들을 내쫓기 위해 어떤 새로운 방법을 고안했나?

4. 인디언 부족은 무엇으로 집을 지었나? 지붕에는 왜 구멍을 뚫었나?

5. 포카혼타스는 어쩌다가 창코를 잃어버렸나?

6. 인디언들은 왜 종이를 마술이라고 생각했나? 하얀 사람들에게는 또 어떤 마술이 있었나?

7. 포카혼타스는 왜 캡틴 스미스를 입양하려고 했나?

8. 캡틴 존 스미스는 왜 제임스타운을 떠나게 되었나?

9. 포카혼타스의 여러가지 이름은 무엇이며, 어떻게 그런 이름들을 얻게 되었나? 가장 좋아한 이름은 무엇이었나? 그것은 무슨 뜻인가?

10. 영국 사람들은 포카혼타스를 왜 공주라고 불렀나?

11. 포카혼타스는 죽은 줄 알았던 캡틴 존 스미스를 다시 만났을 때 왜 실망했나?

12. 창코는 어떻게 백인들을 도와주었나? 왜 도와주었나?

포카혼타스가 살던 시절

1595-1596년 사이에 포카혼타스가 태어났다.

1607   4-5월 제임스타운 식민지가 건설되었다.

       12월 포카혼타스가 캡틴 존 스미스를 구해주었다.

1608   9월 10일 캡틴 존 스미스가 버지니아 의회 대표로 선출되었다.

1609   10월 1일 캡틴 존 스미스가 영국으로 돌아갔다.

1610   굶주림 때문에 제임스타운 인구가 300에서 90명으로 줄었다.

       영국인과 포하탄 사이에 전쟁이 일어났고, 제임스타운은 4년 동안 포위되었다.

1611   킹제임스 영어 성경이 출판되었다.

1613   4월 12일 인디언에게 잡혀간 백인 포로들을 돌려받기 위해 포카혼타스가 인질로 잡혔다.

1614   4월 5일 포카혼타스가 존 롤프와 결혼했다. 존 롤프가 처음으로 담배 수확물을 배에 실어 영국에 보냈다.

1615   1월 30일 첫 아들 토마스를 낳았다.

1616   6월 5일 영국에 가서 왕과 왕비를 만나고, 캡틴 존 스미스와 다시 만났다.

1617   3월 21일 영국 그레이브샌드에서 병으로 세상을 떠났다.

1618   포하탄 추장이 세상을 떠났다.

위인들의 어린시절 시리즈
유명한 위인은 처음부터 위인이었을까?

계속 발행 됩니다. 각 권 10,000원 초등 2년 이상

잠언 생활 동화 시리즈

성경의 주옥 같은 잠언. 어떻게 하면 아이들에게 쉽게 가르쳐 줄 수 있을까? 아이들은 이 책을 읽으며 날마다 경험하는 친근한 사건을 통해 자연스럽게 잠언의 교훈을 배우게 됩니다

참 잘했어요
친척들이 모인 날 티미는 왜 코피가 터졌나? 죄를 우습게 보는 것이 왜 위험한가? 아버지는 한밤중에 습격하는 강도를 어떻게 막을 수 있을까?

이럴 땐 어떡하죠?
어리석은 농담이 어떤 안 좋은 결과를 가져왔나? 쇼핑몰에 간 티미는 어쩌다가 길을 잃어버렸나? 그리고 무엇 때문에 어머니날 불꽃놀이를 놓쳤나?

좋은 친구
피터는 또래집단의 압박을 어떻게 극복하였나? 진짜로 좋은 이름은 어떤 이름인가? 5달러짜리 야구 글러브보다 더 중요한 것은?

선교지 이야기
죽음을 두려워하지 않는 용감한 사람들의 놀랍고도 감동적인 실화들. 총이 말을 안 듣는다, 땅에서 비가 나온다, 호랑이가 나왔다 등 27가지 일화

각 권 10,000원

포카혼타스: 말괄량이 소녀
(위인들의 어린시절 시리즈)
발행일 2019년 6월 1일
지은이 플로라 씨모어 • 그림 찰스 존 • 옮긴이 오소희
편집 이윤숙 • 표지디자인 박미선
발행인 리빙북 경기도 군포시 오금로 43
도서주문팩스 031-943-1674 / 전화 031-943-1655
이메일 Livingbook.kr@hanmail.net
출판등록 제399-2013-000031호
저작권 법에 의해 한국 내에서 보호를 받는 저작물로 무단 전제와 복제를 금합니다.

책값은 뒤표지에 있습니다
© 1946 Flora Warren Seymour
© 2014 리빙북 Living Books
ISBN 978-89-92917-41-4

Livingbook.kr